Gerold Meyer von Knonau

Die schweizerischen historischen Volkslieder des fünfzehnten Jahrhunderts

Gerold Meyer von Knonau

Die schweizerischen historischen Volkslieder des fünfzehnten Jahrhunderts

ISBN/EAN: 9783743429994

Hergestellt in Europa, USA, Kanada, Australien, Japan

Cover: Foto ©Thomas Meinert / pixelio.de

Weitere Bücher finden Sie auf **www.hansebooks.com**

Die Schweizerischen historischen Volkslieder

des

fünfzehnten Jahrhunderts.

Vortrag

gehalten den 10. Februar 1870 auf dem Rathhause in Zürich

von

Gerold Meyer von Knonau.

Mit einem Anhange:
*Fünf historische Lieder der karolingischen Epoche
in deutscher Uebersetzung.*

Zürich,
Verlag von Hans Staub.
—
1870.

Meiner Mutter

Druck von Orell, Füssli & Co. in Zürich.

Vorwort.

Wie ich im Verlaufe des hier folgenden, an einigen Stellen gegenüber der mündlichen Mittheilung etwas weiter ausgeführten Vortrages andeutete (p. 6), war die Wahl und Behandlungsart des Stoffes — einige kritische Anmerkungen mussten in margine gegeben werden — durch den Wunsch bedingt, die treffliche Liliencron'sche Sammlung einem weiteren Kreise zu empfehlen, und die von mir gewählte Auffassung der Aufgabe lässt es zu, meinen Vortrag auch nach der dasselbe Thema behandelnden sehr schönen und verdankenswerthen Abhandlung von Herrn Professor Dr. Ludwig Tobler in Bern („Ueber die historischen Volkslieder der Schweiz") zu publiciren. Dieselbe steht im neuesten Hefte des „Archives des historischen Vereins des Kantons Bern" (Bd. VII. 2. Heft) und kam mir erst vor Augen, als mein Vortrag schon druckfertig war. Sie gibt gar keine Proben und redet dem entsprechend „über" unsere Lieder, sucht ihnen ihren Platz in der Litteraturgeschichte anzuweisen, handelt von ihrem ästhetischen Worthe, während mein Zweck ein anderer ist, wie schon der Titel meines Vortrages zeigt: nämlich die Sänger nach Möglichkeit selbst redend einzuführen*), die Geschichte der Zeit durch sie erzählen, deren Geist in ihren eigenen Worten sich abspiegeln zu lassen (das ist auch der Grund,

---

*) Statt der von Liliencron angewandten Lettern: u über a, e über u, o über u mussten u, e und o hinter a, ü und u in die Zeile gesetzt werden, ersteres zwar nur in den Proben von Nr. 79 und 129.

um dessen willen ich aus den genau die Zahl Hundert ausmachenden zu unserer schweizerischen Geschichte in Beziehung stehenden Liedern in Liliencron's Sammlung die fünfzig des 15. Jahrhunderts zum Thema meines Vortrages wählte, gegenüber den bloss die Ziffer Elf erreichenden des 14.). Die einzige noch erhaltene, mit ziemlicher Wahrscheinlichkeit durch Liliencron festgestellte Melodie eines unserer Lieder steht in seinem „Nachtrage enthaltend die Töne und das alphabetische Verzeichniss" (1869), unter Nr. LXXXIII. (pp. 80 u. 81), und gehört zu Nr. 144 („Got vater in der ewigkeit": Mathis Zoller's Murtenlied; vgl. im Vortrage: p. 43). Sie lautet folgendermassen (siehe das Beiblatt).

Die im „Anhange" beigefügten fünf Uebertragungen las ich am 16. Februar 1867 der Antiquarischen Gesellschaft zu Zürich vor, und die freundliche Aufnahme, die sie damals fanden, ermuthigt mich, sie hier zu publiciren. Ich stellte in meinem bei jener Gelegenheit gehaltenen Vortrage diese lateinischen historischen Gedichte aus karolingischer Zeit, welche in ihrer rhythmischen Form einen völligen Gegensatz zu der metrischen auf classischen Mustern beruhenden Kunstpoesie der Hofschule Karl's des Grossen bilden, nach einigen Hinsichten, besonders auch um ihrer Singbarkeit willen, mit Stücken der Liliencron'schen Sammlung in Parallele. Dass nun von historischen „Volksliedern" im Sinne der bei Liliencron vorhandenen Dichtungen nicht die Rede sein kann, ist natürlich, da für die östliche Reichshälfte die Verwendung der lateinischen Sprache diese Poesien von vorne herein dem Volke ferne hielt. Dass dagegen möglicher Weise mit etwas mehr Berechtigung, als mir damals zugegeben werden wollte, diese so einfach gebauten Lieder als Volkslieder der romanischen Bevölkerung des grossen Reiches betrachtet werden dürfen, möchte vielleicht folgende Erwägung näher legen. In den romanisch sprechenden westlichen und südlichen Theilen des Reiches nämlich standen diese Lieder, deren Latein auch nur dasjenige war, wie es ein Romane sprach und schrieb, ohne es schulgemäss erlernt zu haben*), dem vom Volke gesprochenen Idiome keineswegs ferne, wie folgende Gegenüberstellung zeigen mag: unter *A.* die Worte des Eides Ludwig's des Deutschen, welchen derselbe in der von den Völkern seines Stiefbruders Karl's des Kahlen geredeten romanischen Sprache am 14. Februar 842 zu Strassburg schwur (in des Grafen Nithard's Geschichtswerk: Buch III. Cap. 5), unter *B.* die möglichst wörtliche mittelalterlich lateinische, unter *C.* ebenso die buchstäbliche französische Uebersetzung**) davon: — man wird sehen, wie nahe *A.* und *B.* sich stehen:

A. Pro Deo amur et pro christian poblo et nostro commun salvament, dist
B. Pro Dei amore et pro christiano populo et nostro communi salvamento, de
C. Pour l'amour de Dieu et pour le peuple chrétien et notre commun sauvement,

A. di in avant, in quant Deus savir et podir me dunat, si salvaracio
B. isto die inantea, quantum Deus sapere et posse mihi donat, sic salvabo
C. dès ce jour en avant, combien Dieu savoir et pouvoir me donne, ainsi je

A. cist meon fradre Karlo, et in- adiudha et in cadhuna cosa, si cum
B. istum meum fratrem Karolum, et in adjuvando et in quaque causa, sicut
C. sauverai (celui-ci) mon frère Charles, en aidant et dans chacune chose,

A. om per dreit son fradra salvar dist, in o quid il mi altresi
B. homo per drictum suum fratrem salvare debet, in eo quod ille mihi altrinsecus
C. comme homme par droit son frère doit sauver, supposé qu'il m'en fasse

A. fazet; et ab Ludher nul plaid numquam prindrai, qui meon vol
B. faciat; et ab Lothario nullum placitum unquam prehendam, quod secundum
C. autant; et de Lothaire je ne prendrai jamais nul plaid, qui d'après ma

A. cist meon fradre Karle in damno sit.
B. meum velle isti meo fratri Karolo in damno sit.
C. volonté serait dommageable à mon frère Charles.

---

*) Vgl. Wattenbach: Deutschlands Geschichtsquellen im Mittelalter 2. Aufl. p. 144.
**) Einige Worte, wie „sauver", „sauvement", „plaid", haben nun, wenn auch erhalten, im modernen Französisch allerdings einen anderen Sinn; „adiudha" glaube ich richtig verstanden zu haben.

Als Gegensatz zu den schmucklosen, doch gerade in ihrer Einfachheit ansprechenden, ja ergreifenden Nr. I., III., IV. und V. wirkt der unwahre aufgekleisterte Bombast von Nr. II. um so kräftiger. Jene Lieder kann man sich nach ihrer ganzen Formgebung und nach dem soeben Bemerkten als populär denken, dieses nicht.

Dass die Uebertragung den Originalien mit sorgsamer Genauigkeit möglichst sich anschliesst, keine eigene Zuthat duldet, braucht wohl nicht eigens hervorgehoben zu werden. Bei Nr. II. war das natürlich schwerer, als bei den anderen Stücken. Nr. IV. ist, etwas verändert, aus meinem Buche: „Ueber Nithard's vier Bücher Geschichten" (p. 139) wieder abgedruckt. Die lateinischen Originalien stehen von I., II. und III. hinter der Handausgabe von der Pertz'schen Edition der Einhardi vita Karoli, von IV. nach derjenigen des Nithard, von V. in Du Méril's Poésies popul. latin. antér. au XII. siècle: p. 251.

M. v. K.

(Pag. 24: Z. 22 v. o. stehe „weren" statt „meren".)

Der uns dis lied gemachet hat,
den wil ich üech tuon bekant:
zuo Lucern ein guot gselle,
Hans Ower ist ers genant,
er singts mit frigem muote,
wo er ist in dem land.
Got well die eidgenossen
behüeten vor laster und schand!

Das ist die Schlussstrophe und der daran angehängte Segenswunsch für seine und seiner Kampfgefährten gute Sache, welche im Frühjahre 1446 Hans Ower dem von ihm gesungenen Liede von der Ragazerschlacht mitgab. Als er so sang, hatte er sich seines Rüstzeuges schon entledigt und sein Handwerksgeschirr von neuem ergriffen; wie vor seinem Auszuge in das Oberland, machte er wieder Wannen, selbstständig als Meister, während er 1443 noch bei Klaus Wanner in der Grossstadt zu Luzern als „Knecht" gestanden [1]). Doch für das Gewerbe war es eine Zeit voll Störungen: wie viel Hass und Kampf durchtobten in jenen Jahren die Eidgenossenschaft: — 1442 hatte Zürich mit Oesterreich sein Bündniss abgeschlossen und 1443 erlitt es vor seinen Mauern die Niederlage an der Sihl; das nächste Jahr brachte die Blutscenen bei Greifensee und den Heldenkampf an der Birs; und als es im Februar 1446 galt, in das Sarganserland zu ziehen, da war eben auch unser Hans Ower unter dem Fähnlein von Luzern mit dabei. Am 6. März, welcher als St. Fridolinstag den 500 Glarnern im Heere als besonders glückverheissend erscheinen musste, hatte er bei Ragaz das durch Hans von Rechberg geführte mehr als fünf Male so grosse feindliche Heer besiegen helfen und nach vollendeter Schlacht über das vom flüchtigen Gegner vergessene Morgenbrod mit seinen hungernden Genossen sich hergemacht. Wir wissen nicht, ob den

Handwerker und Krieger etwa eine Singeschule in der Heimat schon früher geübt hatte, ob er auch sonst „mit frigem muote" gesungen hat, genug — wieder zurückgekehrt, hat er es unternommen, das was er im Kriege erlebt hatte, in ein Lied*) zu bringen:

>Gen disem werden sumer
>so wil ichs heben an,
>ein nüewes lied zesingen,
>ir söllents wol verstan,
>alls von der fromen eidgnossschaft,
>ir lob ist wit und breit;
>das tuot den grossen herren zorn
>und ist den rüetern leid.

Wie es zum Kriege gekommen sei, setzt er nun aus einander:

>Sich huob ein grosser widerstoss
>vor etwa mengem jar
>zwischen dien von Swiz und Zürich,
>das sag ich üech für war,
>darumb so ist gestorben
>vil menig biderb man,
>darnach hant Züricher geworben:
>was hant si gwunnen dran?

Die Zürcher hätten bei ihrem alten beschworenen Bunde bleiben sollen, statt ihn zu brechen — so meint Ower, und dann in die Situation vor der Ragazerschlacht sich zurückversetzend, wo neueste Friedensverhandlungen abermals gescheitert waren, ruft er:

>Ir biderben eidgenossen,
>üewer schloss besetzent wol,
>die grossen herren in dem land
>sind böser listen vol.
>Rouben unde brennen
>darmit ist inen wol
>und arme lüet zemachen,
>ir herz ist untrüew vol.

Doch — so tröstet sich der Dichter — Ihr wisst Euch zu wehren: manchen redlichen Mann habt Ihr, der im Streite tapfer

---

a) Nr. 83 bei Liliencron (Bd. I. umfasst Nr. 1—124, Bd. II. Nr. 125—250).

daran geht, und von Anfang an ist Euer jüngster Zug in das Oberland Euch wohl gelungen, zuerst bei Wallenstadt, hernach zu Maienfeld vor dem Städtlein, freilich nicht ohne Ungemach:

> In dem Oberlande
> was üewer grösste not,
> dass ir umb üewer bargelte
> nüt fundent zekoufen brot;
> do sprach sich menig biderb man:
> „got müess es geklaget sin,
> dass wir in disem lande
> von hunger so lident pin!"

Allein ohne einen Hauptschlag sollte der Zug nicht enden: sechstausend Reiter — so hiess es an der alten Fastnacht früh — seien bei Ragaz; da war kein Säumen; fröhlich ging es auf den Feind; keiner sah hinter sich. Vor dem Dorfe geschah der Hauptstoss; die Herren wankten, sie wichen:

> Ze fliechen, was in gache*),
> hin heim stuond inen der sin:
> die eidgenossen schluogend ir vil ze tod
> und jagtends in den Rin.
> Do nuon dis gefecht ein end genam,
> ir mögend denken wol,
> die biderben eidgenossen
> die wurdent fröuden vol,
> dass si überwunden hatend
> mit riterlicher hand
> vil mengen kluogen rüeter
> dörthar uss Schwabenland.

Dir ging es nicht gut, Du von Brandis, Du ungetreuer Mann, der Du Dich zum Feinde hieltest, obschon Burger zu Bern. Da meintest Du, Hans von Rechberg, es besser mit uns Eidgenossen, dass Du uns vollbesetzte Tische zurückliessest:

> Junkher Hans von Rechberg,
> du hatists wol bedacht,
> dass du den fromen eidgnossen

---

b) „hatten sie Eile".

> spise hatist gebracht
> gen Ragaz in das dorfe,
> brot, darzuo klaren win:
> das ward den eidgenossen,
> selig müessints ewig sin!

Wer nun hat sein Bestes vor Ragaz gethan und wer verdient das meiste Lob? — eine von Ower selbst aufgeworfene Frage, die er sogleich in eigentlich verschwenderischer Weise beantwortet. Jedenfalls Ihr die frommen vesten Leute von Schwyz und Glarus, Ihr von Uri und Unterwalden, die Ihr fröhlich Eure Haut wagtet, Du Luzern, Du edles Licht genannt*), Ihr ehrenwerthen lieben Zuger, in der Noth stets bereit, doch nicht weniger Ihr Herren von Bern, die Ihr mit fünfzig Mann in das Oberland Freude und Leid mit den biederen Eidgenossen zu theilen kamet. Allein sogar wer zwar nicht selbst auf dem Platze war, zur Theilnahme jedoch gewiss den guten Willen vollkommen gehabt hat, gehe nicht des Lobes bar aus

> Solotorn du alter stamm
> an dem römischen rich,
> das lob sond ir von mir haben,
> ir söllend merken mich,
> dass ir so rechte gerne
> in das Oberland werind kon
> zuo üewern eidgenossen,
> es ward üech nit kund geton.

Diese alle sind die Kämpfer gewesen; den Sieg spendend aber war eine höhere Macht:

> Die reine magt, die got gebar,
> die söllend wir rüefen an
> und ouch ir liebes kindli,
> dass si uns wellind bigestan,
> und alle gottes helgen
> wie die genennet sin,
> der guote herr sant Fridlin
> well unser schirmschild sin!

---

c) Anspielung auf die Ableitung von „lucerna".

— Schwer, ja unmöglich ist es nun zu sagen, ob das Lied, so wie es Hans Ower 1446 sang, genau diejenige Form hatte, in welcher es uns jetzt vorliegt. Denn erst ungefähr ein Vierteljahrhundert nach der Ragazerschlacht[2]) brach auch für die Schweiz die Zeit an, in der solche individuelle Schöpfungen nicht mehr auf die mündliche Verbreitung und auf die Arbeit des Abschreibers behufs ihrer Bekanntmachung in weiteren Kreisen angewiesen waren, sondern durch den Druck, als fliegende Blätter, rasch das Eigenthum Vieler werden konnten. Wie sehr war aber bei solcher Uebermittlungsart das Gedicht der Beeinflussung und Veränderung, sicherlich nicht zu seinem Vortheile, ausgesetzt: der ebenso wenig im Gebiete der Unmöglichkeit liegende Fall gänzlichen Verlustes ist glücklicher Weise nicht eingetreten. So gehört denn die älteste bekannte Aufzeichnung des Liedes erst ungefähr dem Ende des ersten Drittels des 16. Jahrhunderts an: sie ist von der Hand des um die Erhaltung vieler dieser Lieder so verdienten Tschudi und steht in einer durch ihn selbst für seine historiographischen Arbeiten angelegten Sammelhandschrift. Allein kein Anderer, als wieder Tschudi selbst, hat allerlei Veränderungen zu unserem Ower'schen Liede noch in diesen gleichen Codex hineingeschrieben (derselbe liegt nun zu St. Gallen auf der Stiftsbibliothek und ist in neuerer Zeit durch eine daran sich knüpfende Selbsttäuschung eines Gelehrten[3]) berühmt geworden). Noch viel tiefer eingreifend ist aber die Umgestaltung, welche, gleichfalls abermals durch Tschudi, dem Liede im auf der Züricher Stadtbibliothek aufbewahrten ersten Entwurfe seiner Chronik zu Theil wurde. Das Lied erscheint da in einer nach Tschudi'scher Behandlungsweise vielfach umgefeilten Form, einige Theile völlig verändert, sehr zum Nachtheile des Ganzen. In dieser modificirten Gestalt ist Ower's Lied zu lesen in der gedruckten Tschudi'schen Chronik, und hiernach wieder hat es Rochholz in seiner „Eidgenössischen Lieder-Chronik" 1835 in unsere heutige Schriftsprache übertragen, wahrlich abermals eine bedeutende Abschwächung. Erst Ettmüller griff 1844 für seine Edition in den „Mittheilungen der antiquarischen Gesellschaft in Zürich"[4]) auf die vorhin bezeichnete ächteste, älteste Ueberlieferung zurück, und diese liegt auch dem

---

d) Bd. II.

Abdrucke zu Grunde, welchen die neueste und vollständigste Sammlung 1865 gab, diejenige von Liliencron's: „Die historischen Volkslieder der Deutschen", auf welche wir uns hier durchaus beziehen. Liliencron's vierbändiges Werk*) stellt mit seinen trefflichen Einleitungen und Commentaren zu den einzelnen Liedern ein wissenschaftliches Volksbuch im edelsten Sinne des Wortes dar.

In ebenso ansprechender, als zutreffender Weise ist das viel gesungene und weit herum gebotene Volkslied durch Liliencron dem Steine verglichen worden, welchen der Fluss rund und glatt geschliffen hat, den wir aufheben, wo ihn die Welle an das Ufer warf, so wie er im Herabrollen geworden ist†), glücklich uns schätzend, dass wir ihn überhaupt noch gewonnen haben, dass ihn eine freundliche Woge uns zuspülte.

Denn eine wie lange Reihe von schweizerischen historischen Volksliedern muss uns verloren gegangen sein! Ist es z. B. denkbar, dass Hans Ower sein unleugbares Talent nur Ein Mal bewährt habe? Sein Lied von der Ragazerschlacht ist das einzige, welches uns von ihm blieb. Lässt es sich annehmen, dass schweizerische Ereignisse des 15. Jahrhunderts nicht besungen worden seien, welche einen so tiefen Eindruck hinterliessen, wie die Siege der Appenzeller — von der Reimchronik des Appenzellerkrieges, wie von den Reimchroniken überhaupt, sehen wir hier gänzlich ab —, oder die Niederlage bei Arbedo oder die innere durch das Stanserverkommniss beigelegte Entzweiung nach dem Burgunderkriege? Und sollte wirklich Burgermeister Hans Waldmann's Glück und Ende nur zu den zwei noch vorhandenen ziemlich geringen Liedern Anlass gegeben haben, während über den ähnlich wie Waldmann emporgestiegenen, elf Jahre vor ihm dem Henker verfallenen Augsburger Burgermeister Ulrich Schwarz nicht weniger als zwei Lieder und zwei lange Sprüche noch vorliegen, eine fünfte Dichtung überdiess vermisst wird. Doch gehen wir über von dem Verlorenen oder — sagen wir hoffnungsvoll — noch nicht wieder Gefundenen zu dem halben Hundert politischer Volksdichtungen‡) des 15. Jahrhunderts, über deren Erhaltung wir uns freuen.

---

e) Ueber den „Nachtrag" vgl. mein „Vorwort". — f) Liliencron: Bd. I. p. IX (Vorrede).

Da bezieht sich nach der chronologischen Reihenfolge die erste — ein ziemlich langer Spruch, kein Lied — auf die schöne Frucht, welche das Constanzerconcil den Schweizern zuwarf. Der königlichen Aufforderung gehorsam, über einen soeben erst geschlossenen Friedensvertrag sich hinwegsetzend, entrissen 1415 die Eidgenossen, Bern voran, dem der Acht des Reiches und dem Banne der Kirche verfallenen Herzog Friedrich von Oesterreich den schönen Aargau. Die Eroberung geschah mühelos, da nirgends rechter Widerstand gefunden wurde. Desshalb traf vielfacher Spott und Verleumdung die Aargauer, und um solches Geschwätz zurückzuweisen, dichtete ein österreichisch Gesinnter, mit den neuen Verhältnissen Unzufriedener folgende „Rimen eins Ergöuwers" g):

„In minem sinn es übel hillt h),
wo ieman die von Ergöw schilt" —: so hebt der Dichter an.

Wir Aargauer verdienen Eure Vorwürfe am wenigsten; gegen den König und gegen dessen Räthe und alle diejenigen, welche unserem Herzog absagten oder ihn im Stiche liessen, richtet sie vielmehr. An uns Aargauern liegt die Schuld nicht; wir waren Oesterreich stets getreu:

Wer mocht sich solcher macht erwern?
— Menger het gern manlich tan,
het er nun hilf und rat gehan!
— Was sols, dass menger iez tröut vast i),
der sich do verbarg vorm überlast?

Wesshalb z. B. ist Baden nicht entsetzt worden?

Man het wol funden strass und steg:
durch Wintertur gieng offner weg,
dass man gen Baden komen wär;
man fand aber iez kein bader,
wiewol es was im meienzit,
da man sunst gerne ze Baden lit
und man abends wäscht die füess,
zenacht schlaft man dann druf gar süess.

---

g) Nr. 55. — h) „ertönt". — i) „sehr".

Geschrieben ist genug worden, geschossen um so weniger:
Die von Ergöw ducht verdrossen,
wenn sie mit papier wärind erschossen.
Hin und har schreib man briefen vil;
wer umb briefe stet ufgeben wil,
der ist sicher vor büchsenstein!
— In Uechtland ouch ein Friburg lit,
als man gen Jenf ze markte rit:
si hand guot büchsen und vil schützen,
die im Ergöw tatends do nit nützen!

Auf mich höre vielmehr, wer den Aargau recht kennen lernen will, und vernehme von mir, was dieser Alles für das Haus Oesterreich seit den Zeiten König Rudolf's gethan hat bis zu den letzten Kämpfen gegen die Appenzeller herunter:

Das Ergöw was willig spat und fruo,
das wissend noch wol witwen und weisen;
stüeren schätzen [k]) geben und reisen [l])
ist alles uf das Ergöw gfallen.

Und auch jetzt hätten die Aargauer wieder ihr Bestes für Herzog Friedrich gethan, wären sie nur nicht allein gelassen worden; ihnen gewiss ist am wenigsten wegen des übeln Ausganges zu zürnen:

Menger ufs Ergöw unglimpf sagt,
der selbs den pfawen [m]) rupft und jagt.
— O edler fürst, volg nit dero rat!
Hiemit hat dise red ein end,
got uns fürbass als übel wend!

— Einundzwanzig Jahre nach der Eroberung des Aargaues starb auf der Feste Schattenburg über dem Städtchen Feldkirch ein kinderloser Greis, der letzte mächtige weltliche Herr im Nordosten der jetzigen Schweiz, Graf Friedrich VII., mit dem das Toggenburg'sche Haus erlosch. Wie sich aus diesem Todesfalle der erste grosse innere Krieg in der Eidgenossenschaft entspann, Zürich allein auf der einen Seite, die einflussreichste der Waldstätte, Schwyz, nach

---

k) „von Obrigkeit wegen das Vermögen aufnehmen lassen". — l) „Kriegszüge thun". — m) d. h. die Herrschaft Oesterreich.

deren Namen die Fremden immer mehr die gesammte Eidgenossenschaft zu benennen sich gewöhnten, an der Spitze der Gegenpartei, wie Zürich hartnäckig und verblendet bei Oesterreich seinen Rückhalt suchte, ist bekannt; ebenso weiss man, mit welcher furchtbaren empörenden Rohheit die gegenseitige Erbitterung in der Kriegführung sich offenbarte. Zur Steigerung dieses Hasses nun trugen Spottlieder nicht wenig bei, welche eine Partei gegen die andere sang.

Im Frühsommer 1443 höhnten rauflustige Gesellen mit der Pfauenfeder auf dem Hute im österreichischen Rapperswyl oder auf den Gassen Zürich's der Schwyzerkuh als der Personification der Länderbauern folgende Verse des Waldshuters [5]) Isenhofer°) entgegen:

    Blüemi°) lauss din lüejen^p),
    gang hain, hab din gemach^q),
    es geraut^r) die herren müejen^s),
    trink uss dem mülibach.

Denn — so hofft Isenhofer —
    Den puren wirt ir gwalt gezukt^t):
    das tuot der pfawenschwanz.

Er glaubt, man müsse den Bauern, diesen „melkerknaben":
    — die knüew gond in durch die hosen,
    graw röck sicht man si tragen —
nun wirklichen Ernst zeigen: sonst werde ihr Uebermuth zu gross. Wie schreien sie gegen König und Reich, wie gegen die rheinischen Kurfürsten:
    „Wer gab im den gewalte,
    dass er der küng sol sin?
    Dass sin der tüefel walte:
    die fürsten von dem Rin!"
So trotzen diese Leute, und die Städte sind um kein Haar besser:
    Es sigend stet odr puren,
    klain ist der underschaid:

---

n) Nr. 79. — o) Eine „Ku Brüne" im Sempacherliede siehe weiter unten. — p) „brüllen" (vom Rindvieh). — q) „halte dich ruhig". — r) d. h. etwa „es wird dich noch einmal reuen, dass du ..." — s) „beunruhigen". — t) „durch rasches Ergreifen entrissen".

es tail ain wenig muren,
es ist in allen laid").

Auf darum, König Friedrich! Stosse ihnen den Riegel, dass nicht die Zunft zu gross werde! Lasse zum Kampfe blasen und vertilge das Ungeziefer:

Man muoss das unfich") stöuben"),
so belibt das essen rain.
Mit pfifen und mit töuben")
füert man die brüete hain! —

So der Oesterreicher. Aber unmittelbar darnach, gleich vor der Schlacht an der Sihl⁶), kam ihm eine schwyzerische Antwort⁷). Hatte Isenhofer durch Zürich's Abfall den Bund gesprengt geglaubt:

Mich dunkt der pund hab sich gebogen,
den sie haund zsamen geschworen —

so entgegnet ihm dieses „subirlich liedlin von eidgenossen", das Fass könne eines einzelnen Reifes wohl ermangeln, das Schlechte vom Wein möge verloren gehen:

Ir fromen eidgenossen,
ir fromen vesten degen,
achtent es nit grosse,
ir sülnts zuom geringsten wegen:
üech ist dem fass ein reif enbunden,
der win enflossen⁷) nit gesund,
das hat geweret manig stund,
biss es sich hat ergeben.

Der Waldshuter hatte gejammert, dass sich die Entscheidung so lange verzögere:

Es ist nit als ergangen,
ie das beschechen sol:
die fromen geraut belangen"),
die valschen gebeitend") wol.
Nuon hin, es komet alles,
der nuon gebeiten mag,

---

u) etwa: „Städte und Länder sind uns gleich feindselig". — v) „Ungeziefer". — w) „aufscheuchen". — x) „musiciren". — y) Nr. 80. — z) noch im Dialekte: „sehnsüchtig warten". — a) ebenso: „warten", doch bald obsolet werdend.

nieman acht ir schalles^b),
es wendt uin halber tag! —

darauf ruft ihm der Schwyzer zu: wir können wohl warten, wir sind nicht so arme Wirthe, dass eine ausstehende Zeche, für welche wir ja das Pfand in Händen haben (die Landschaft Zürich ist gemeint, welche die Eidgenossen im Sommer 1443 zwei Male nach einander überschwemmten), uns allzu sehr drücken würde:

> Er ist ein armer wirte,
> der nit gebeiten mag
> einem ein einige irte
> biss uf einen tag,
> dass im das phand so oben lit
> in der nehe und nit zuo wit,
> biss im kunt der irten zit,
> des er wol gebeiten mag.

Hatte Isenhofer die im Geheimen der eidgenössischen Sache treu gebliebene Partei zu Zürich in seinem Liede verzeigt:

> Nun luogend zuo üech selber,
> Zürich, in üewer stat
> da lüejend küe und kelber,
> wie mans verboten hat!
> Rüetend uss den grunde^c),
> der das unkrut gebirt!
> ir gelebend noch die stunde,
> dass es üech fröwen wirt! —

so beklagt dagegen die schwyzerische Antwort die Zürcher, dass sie unter einer so thörichten Obrigkeit zu leiden hätten:

> Nuo rüewet mich ein arm gemein
> zuo Zürich in der stat,
> dass sie des tummen rates mein
> so gar vorwiset^d) hat,
> dass sie sint so blinde,
> die alten und die kinde:
> si buwent uf ein winde,
> der bald verwehet hat!

---

b) „des Lärmens", d. h. desjenigen der Falschen. — c) „reinigt gründlich den Boden". — d) „auf den falschen Weg gewiesen".

Was für ein Wind ist das aber?
Oster heisst der winde,
er wehet uss Oesterrich.

Der Adel — singt der Eidgenosse weiter — ist in Zürich jetzt übermächtig:
Das sint die grossen herron,
die ich nit nennen wil,
die die Zürcher leren
der argen liste vil,
da sie sich erdennen*),
zuo den herren rennen,
eidgnossen numme^f) kennen, —
das stat biss uf ein zil^e)!

— So hatten zwei Volkslieder sich im Mai und Juni 1443 bekämpft; der 22. Juli brachte den Kampf an der Sihl. Zwar fiel in demselben ein Hauptanstifter des Krieges in der Person Rudolf Stüssi's, des trotzigen zürcherischen Burgermeisters, auf welchen soeben noch das eidgenössische Lied als auf einen der neugebackenen zürcherischen Edelleute gestichelt hatte:
Sie sint kürzlich herren worden
sie koppen^h) in der herren orden^i).

Allein damit war der Hass nicht gestillt; im Gegentheile erhielten die Eidgenossen gleich hernach ein neues Schmachlied von österreichischer Seite zugeschleudert^k), in welchem ihnen vorgeworfen wurde, sie hätten ihren Sieg einzig unedler Täuschung mittelst gefälschter Feldzeichen zu verdanken gehabt. Schon die Eingangsworte dieses Liedes^g) verrathen die Beziehung auf das vor der Schlacht erklungene „subirlich liedlin", und die zweite Strophe bringt die Anspielung auf die unehrenhafte Kriegslist in ihrer vollen Schärfe:

---

e) statt „erdenen" (etwa „sich ausdehnen" = „sich überheben") oder statt „erdünen" („tönen machen")? Liliencron erklärt: „wo sie sich zerdehnen, die Beine ausrenken, um den Herren nachzulaufen". — f) „nicht mehr". — g) etwa gleichbedeutend dem Sprichwort: „Der Krug geht zum Brunnen, bis er zerbricht". — h) noch im Dialekt: „gopen" (mit langem o) = „spielen" (von jungen Katzen, Hunden und dergleichen besonders gebraucht). — i) „Würde". — k) Nr. 81.

> Als mit den schnöden Schwizern,
> davon ich üech singen wil:
> si truogend zweierlei crüezern
> ze Zürich an der Sil,
> hinden wiss und vornen rot;
> das bracht die fromen Zürcher
> in semlich¹) grosse not.

Mit gesteigertem Grimme, unter Hindeutung auf die scheussliche Misshandlung des Leichnams Stüssi's, auf die am Zürichsee begangenen Greuel fährt im Weiteren der Dichter fort, und er richtet seinen Angriff besonders gegen den mächtigen Landammann von Schwyz, Ital Reding:

> Der disen fund ᵐ) zuom erst erdacht,
> der ist ir küng ⁿ) zuo Schwiz;
> es wär der christenheit ein schmach,
> wo diss mord ungerochen erlitz ᵒ)!
> All Christen söttend tuon darzuo,
> dass si mit christen lüeten schmer ᵖ)
> schmirwend ire schuo!

Auch die Heiligthümer schändeten sie:

> Si hand ouch zgrund zerrüttet
> vil kilchen der christenheit
> und hand da ussgeschüttet
> den der für uns leid ᵠ),
> ist der christenheit ein schand,
> das wirdig sacramente
> hands mit den kilchen verbrant!

Die damals in Basel zum Concil versammelten Väter der Kirche, den deutschen König und Fürst von Oesterreich, die Kurfürsten des Reiches ruft der Dichter auf. Leidet das nicht; thut Euch sämmtlich gegen diese Schweizer zusammen:

---

l) „solche". — m) „spitzfindig herausgeklaubte Sache". — n) natürlich uneigentlich, etwa gleich „allmächtig". — o) „wenn dieser Mord ungerächt bleiben würde". — p) „Fett" (auf die kannibalische Schändung der Leiche Stüssi's gehend). — q) d. h. „Hostien auf den Boden geworfen".

>   dass man si vertribe
>   und man nit lenger beit
>   und man ir dhein lass leben.
>   Der babst und all prelaten
>   sond aplass darumb geben.
> Rasch vorwärts! Greift sie an!
>   So wirt die gmeine krie[r]
>   „hie Oesterrich on end!"

— Seine Erwartungen blieben unerfüllt: nicht einen Kreuzzug, sondern einen Waffenstillstand brachte im August 1443 kurz nach dem Gefechte an der Sihl der Bischof von Constanz zu Stande; aber es war ein „fauler Friede", und schon im folgenden Jahre mochte wohl dieser Sänger, welcher u. a. auch Friedrich III. zugerufen hatte:

>   Der küng sols fachen an! —

in Jubel ausbrechen, als die in Frankreich überflüssig gewordene Söldnermasse der Armagnaken, vom deutschen Könige herbeigerufen, in erdrückender Uebermacht unter der Führung des französischen Thronfolgers heranrückte. Auch Basel schien nun der Strafe theilhaftig werden zu sollen, welche schon Isenhofer[s] der Stadt zugedacht hatte:

>   Basel, du macht dich fröwen,
>   wan dir wird schier din lon:
>   macht du die spis nit töwen,
>   man git dir purgation,
>   die rumet dir din magen,
>   darnauch wirst du gesund!

Ein künstlerisch sehr wenig bedeutendes Lied[t], in seinem unverhüllten Hohngeschrei ein abstossend wirkendes Denkmal wilden Bürgerkrieges und gerade dadurch ein treues Abbild der Stimmung jener Tage, spiegelt den Eindruck, welchen die Nachricht von der Schlacht bei St. Jakob an der Birs in Zürich, der bundesabtrünnigen durch die Eidgenossen umlagerten Stadt, hervorbrachte.

Es beginnt mit dem Wunsche, dass die Schweizer, welche vor Zürich in die Ernte gekommen und nach zehn Wochen jetzt wieder abgezogen seien, in die Hölle gefahren sein möchten. Dann Jubel

---

r) „allgemeines Feldgeschrei". — s) Nr. 79. — t) Nr. 82.

über den Untergang des tapferen Häufleins an der Birs: vor Basel ist Euer Hochmuth gedämpft worden; da haben auch ein Glarner und ein Zuger (welche der Dichter besonders gehasst haben muss, indem er sie mit Namen nennt) ihren Lohn erhalten; jener liegt unter dem Galgen begraben (was, beiläufig gesagt, ganz unwahr[s]) ist), aber nicht der Hauptmann Netstaller allein:

    Bi im lit menger ruossiger pur
    underm galgen begraben,
    das hands verdient an kilchenbrennen,
    dieselben Schwizerknaben!

Am Schlusse wendet sich hierauf das Lied gegen den blutdürstigen Mörder von Greifensee:

    Die Schwizer kriegend wider recht,
    das hands von einer falschen zungen,
    die der amman Reding treit,
    welt got er wer verbrunnen!

— Aber alle diese gewaltigen Anstrengungen Oesterreich's und des Adels, den Bund der Eidgenossen zu zertrümmern, sind völlig gescheitert und auch das abgelöste Glied ist zum Bunde wieder hinzugewachsen. Trotz seines fortgesetzten Unglückes im Kriege kehrte Zürich fast unvermindert an Gebiet und Ehren in den Kreis der Eidgenossen zurück; sein Bündniss mit Oesterreich freilich musste es aufgeben. Unternehmungslustiger und gefahrdrohender als je vorher stehen die Schweizer in der Mitte des Jahrhunderts da. Neue Verbindungen, mit dem Stifte St. Gallen, der Stadt daselbst, mit Schaffhausen knüpfen sich an. Die zunächst nach dem schon oben betrachteten Ragazerliede uns begegnende Dichtung[u] meldet, wie 1460 nun auch der Thurgau, sowie Rapperswyl für Oesterreich verloren gehen. Mit zutreffendem Scharfblicke fasst das Lied in den auf Herzog Sigmund sich beziehenden Schlussversen die Wichtigkeit der Eroberung der Landschaft Thurgau zusammen, indem es von Sigmund sagt:

    Er soll kein brugg am Rin mer schlan,
    si wurd nit bestan,
    man liess im nit ein laden[v]!

---

u) Nr. 111.   v) „nicht eine Bohle liesse man ihm".

Das siebente Decennium brachte abermals Erfolge. Stets noch hatte sich bisher die getreue österreichische Stadt Winterthur als Stützpunct für die Herrschaft Habsburg's halten können und Isenhofer hatte 1443 trostreich gesagt:

> Ich main ouch die von Wintertur,
> erschreckend nit von tröwen:
> guot gräben haind ir umb die mur,
> des mugend ir üech fröwen! ʷ)

Aber seit 1460 war Winterthur ein verlorener Posten und so wurde die Stadt 1467 von dem stets geldbedürftigen Herzog an Zürich überlassen. Und ein Jahr später, 1468, fehlte nicht viel daran, dass auch der südliche Schwarzwald mit seinen Städten am Rheine gleichfalls verloren gegangen wäre. Vornehmlich die zwei Städte Schaffhausen nnd Mühlhausen, seit 1454 und 1466 auf 25 und 5 ¹⁰) Jahre mit einzelnen eidgenössischen Orten verbündet, waren in der Mitte der Sechziger Jahre immer erneuerten Herausforderungen und Friedensstörungen durch den rachgierigen und streitsüchtigen Adel ausgesetzt, und in der Eidgenossenschaft gab es genug junges Volk, das auf den ersten Klang der Trommel schon um des blossen Raufens und Plünderns willen mit der Fahne lief, auch wohl, wenn in der Nähe nichts zu thun war, in der so fehdereichen Zeit auswärts Kriegsarbeit suchte. So kam es zu den beiden Feldzügen von 1468, dem Sundgauerzuge und dem Waldshuterkriege, und die drei Lieder ˣ), die wir darüber haben, zeigen in ihrer Grundstimmung so recht deutlich den zügellosen Muthwillen, den wilden Uebermuth der durch den steten Erfolg verwöhnten kriegerischen Jugend der Schweiz in jener Epoche. Das zweite Lied vom Plünderungszuge in den Sundgau ʸ) beginnt:

> Ein liedli wil ich heben an,
> wilde mär han ich vernan ᵃ),
> und wil mans die eidgnossn nit erlan,
> so muosstends aber in dwite kan ᵃ),
> da muosstend si stechen und schlan,
> das man frilich kan wol verstan.
> Bumperlibum aberdran heiahan ᵇ)!

ʷ) Nr. 79. — ˣ) Nr. 120—122. — ʸ) Nr. 121. — ᶻ) „vernommen". — a) „auf das weite Feld (siehe hierüber unten) gehen". — b) offenbar das Trommeln und Pfeifen nachahmend.

Mit diesem krachenden Refrain geht es weiter, mitunter auch noch verstärkt:
> Bumperlibum, unruow das kumpt,
> was tuot uns, was tuot uns,
> donner blix hagel heiahan aberdran!

Der unzweifelhaft dem Bernerlande angehörende Sänger ruft aus allen dessen Theilen die Streiter herbei:
> Wol naher die von Sanen,
> die fressind hüener und hanen,
> sinds nit gsoten, so münds dran zanen‘) ¹¹).

oder: — Wohl naher die von Undersibental,
> die tregend halparten breit und schmal,
> was si trefend, das falt ze tal,
> menger nimpt von inen ein vall!

Und als wir nun Alle beisammen waren — singt das Lied in den folgenden Strophen — da zogen wir ab:
> Do zugend wir über den Houwenstein ab,
> meng breiter vierschröter Schwizerknab;
> menger hat im seckel lützel ᵈ) hab,
> het er vil, er kem sin wol ab ᵉ)!
> truog uf der achsel ein breiten stab,
> damit ein ieder guot werschaft ᶠ) gab.

In Basel musste die Mehrzahl von uns vor der Stadt lagern:
> Wir meintend, wir wettind all hinin,
> da muosst der merteil hie ussen sin!
> si schicktend uns aber brot und win,
> drum schicktend wir warlich sgelt hinin.

Aber alles Bisherige übertrifft die in den nächsten Strophen folgende Schilderung des Lebens im Lande des Feindes:
> Morndes ᵍ) kamend wir gen Kolmar ʰ) hin,
> da liefend wir in die keller in
> und wurdend me wann halb voll win.

---

c) „die Zähne zum Zerreissen brauchen". — d) „wenig". — e) „er würde ihrer leicht los". — f) „Bezahlung" (etwa in dem Sinne: mit ihren Waffen wollten sie zahlen). — g) „folgenden Tages". — h) doch vgl. hiezu Liliencron's Anmerkung (unter Mowenban ist vielleicht „Meyenheim" zu verstehen).

> Wir hatend nit vil silbergschirr darbin,
> wir schanktend in mit küblen¹) in,
> dennocht wurdend wir voll win,
> er gieng uns tugendliche ᵏ) in,
> verschwunden was uns die schwere pin,
> wir meintend, es sölt wol halb harnist¹) sin!

Zum Kampfe kam es nicht; der Feind wagte gar nicht, sich zu stellen:

> Si torstend uns warlich nit bestan,
> si liessend uns tugenlich zien darvan.

Aber das muss wahr sein — so gesteht sich der Dichter selbst — im Sundgau haben wir übel gehaust:

> Da kamend wir fürbass ins Sungöw hin,
> da stachend wir nider mang feistes schwin,
> wir stiessend brend zuon wenden in,
> den rouch sach man ouch ennet ᵐ) dem Rin;
> (die Brisgewer dachtend:) das mögend wol wild geste sin,
> got bhüet uns, dass sie nit kömind ze uns hin!

Einen zweiten Besuch wünschen sich die Sundgauer sicherlich nicht:

> Si hand der kuo sidhar nummen grüeft heruss,
> si ersorgtend villicht aber ein solchen struss ⁿ)!
> Damit ist dises liedli uss.

— So viel hatte das österreichische Gebiet unterhalb Basel zu leiden. Waldshut dagegen hielt sich tapfer gegenüber seinen Bedrängern — vor zwei Jahren, 1868, feierte die Stadt das vierhundertjährige Jubiläum der Belagerung —, und mit Waldshut blieb das rechte Rheinufer dem Aargau gegenüber dem Hause Oesterreich erhalten. Doch die vor den Mauern des festen Städtchens ausgefochtene Fehde hatte weithin reichende Folgen: sie brachte eine gründliche Umgestaltung in den österreichisch-eidgenössischen Beziehungen zu Stande. Nur Länderverluste und eine

---

i) „Kufen". — k) „sanft". — l)? (etwa = „herisch, hersch", mit langem e, „nach Herrenart"?). — ᵐ) „jenseits" (hier rechts vom Rhein). — n) „Streit".

stets wachsende Schuldenlast hatten dem Herzog Sigmund, dem Sohne des Friedrich, welcher den Aargau eingebüsst, die bisherigen Kämpfe gegen die Schweizer verursacht; dennoch änderte der Fürst auch nach 1468 seine Politik einstweilen noch nicht. Im Gegentheile ging er in derselben noch einen Schritt weiter, indem er einen Verbündeten für die österreichischen Hausinteressen gegen die Eidgenossen in Karl dem Kühnen zu gewinnen hoffte: jenem Herzoge von Burgund, der sich mit phantastischen Projecten von einer Herstellung des lotharingischen Zwischenreiches zwischen Deutschland und Frankreich trug. Allein die Dinge nahmen eine völlig unerwartete Wendung: gänzlich umgestaltete Verhältnisse Oesterreich's zur Schweiz waren die Frucht der Ereignisse der nächstfolgenden Jahre. Das abstossende gewaltsame Auftreten des Peter von Hagenbach, welchen Herzog Karl über die von Sigmund ihm verpfändeten oberrheinischen Landschaften als Verwalter eingesetzt hatte — die bei der Ungleichheit der beiden Naturen allerdings keineswegs überraschende Veruneinigung Friedrich's III. mit Herzog Karl — das unüberlegte die allernächsten Interessen nicht beachtende Handeln dieses leidenschaftlichen Fürsten — endlich die fein angelegten Machinationen des geschickt rechnenden Ludwig's XI. von Frankreich: — das etwa sind die wichtigsten Fäden, an welchen die durchaus neue Constellationen herbeiführende Uebereinkunft von 1474 hängt, ein Vertrag, der zwischen den Schweizern und ihrem bisherigen Erbfeinde, dem Hause Habsburg-Oesterreich, die „ewige Richtung" erzielte. Zu diesem alle gemachten Eroberungen den Eidgenossen sichernden Friedensschlusse kamen in diesem gleichen Jahre 1474 für dieselben noch mehr Verbindungen hinzu: diejenige mit der sogenannten „niederen Vereinigung" oberrheinischer Bischöfe und Städte und erneuerte Anknüpfungen mit Frankreich. Ein grosses Netz sieht man um den heissblütigen Burgunder sich zusammenschliessen.

Gewaltiges Aufsehen machten diese Ereignisse, vor Allem das Aufhören des Kriegszustandes zwischen Sigmund und den Schweizern, und wie hoch man schon damals das Gewicht der kriegerischen Kraft dieser letzteren anschlug, zeigen wohl am deutlichsten die sanguinischen Hoffnungen, welche der Dichter des einen der zwei auf die „ewige Richtung" bezüglichen Lieder[o] an dieses Ereigniss anschloss[12]).

---

o) Nr. 129.

Wunderbar — meinte er — sei die Welt geworden: das himmlische Heer freue sich des neuen Bündnisses. Dann wendet er sich an Herzog Sigmund: lange genug bist Du von Deinen Räthen zu Deinem eigenen Schaden gegen die Eidgenossen gehetzt worden; jetzt hast Du in diesen einen guten Rückhalt gewonnen, wie es in deutschen und wälschen Landen keinen besseren gibt.

> Darum solt du dich keren
> zuor bewerten aidgnoschaft
> und lauss dich nicht verfüeren
> fürsten und ir ritterschaft!
> si rautend dir in iren sak;
> du bist lang gnuog umbgefüert*),
> als die kraj im luft verirt,
> acht nit das mengem übel schmack^q)!
> Umzüen^r) din rosengarten
> mit der fromen aidgnossen land!
> ir scharpfen halenbarten
> die zwijend*) dir din land,
> das dir der adel haut zertrent;
> si helfend dir die lucken
> stätenklich verbucken*)
> von anevang biss an das end.

Venedig wird nunmehr mit schweizerischer Hülfe gedemüthigt werden; dem Türken bleibt die Strafe nicht länger erspart; dem heiligen Grabe steht die Befreiung bevor. Ja, noch kühnere Visionen hat der Dichter:

> Das glück sich alls zuo senket,
> Sibilla redt nit uss troum,
> biss kaiser Fridrich henket
> sin schild an türren boum").

Nicht so Weitabliegendes ist erreicht, wohl aber das zunächst Gewünschte durchgesetzt worden. —

---

p) „in der Irre herum geleitet". — q) „dass es manchem übel gefalle". — r) „umzäune". — s) Liliencron meint: „mit Zweigen bestecken". — t) „durch Biegen der Zweige verschliessen". — u) das Nähere über diese bekannte Sage siehe bei Liliencron (zu Str. 21).

Der Burgunder verliert Heer nach Heer und die letzte seiner
Niederlagen bringt ihm zugleich den Tod; Ruhm, Macht, Beute
fallen als Lohn seinen Besiegern, den Schweizer Eidgenossen, zu;
dem französischen Könige ist der gefährliche Nachbar hinweggeräumt.
Dieser Anbruch der grossartigsten Epoche schweizerischer Geschichte ist durch eine reiche Fülle von historischen Liedern bezeichnet: eines besingt die ersten kriegerischen Erfolge, im Spät-
herbst 1474 von Hericourt'); den Zügen nach Pontarlier und vor
Blamont, im Frühjahr und Sommer 1475, sind zwei weitere Dichtungen gewidmet"); vier Sänger") verherrlichten den Sieg bei Grandson, drei') den bei Murten; zwei Lieder') melden, wie es vor
Nancy zuging.

Allein nicht ohne bedenkliche Rückwirkungen hatten die Eidgenossen dergestalt activ in den Gang der west- und mitteleuropä-
ischen Politik eingegriffen; nicht unbestraft war das Fussvolk der
Bürger und Bauern über die ritterlichen Heere siegreich geblieben
und dabei über den Kronschatz eines Fürsten gerathen, den die
Zeitgenossen als den reichen Herzog zu bezeichnen gewohnt waren;
dass die Schweizer als das erste abendländische Kriegsvolk zu
gelten, von so vielen näheren und ferneren Fürsten, als den Sieg
ihren Fahnen zu gewinnen wünschten, umworben zu werden begannen — nach nicht langer Zeit gleich stark aus dem Vatican
und dem Palais des Tournelles, aus der kaiserlichen Burg in Wien
und dem königlichen Schlosse zu Ofen —, hatte seine tief ein-
greifenden Folgen.

Die Jahre, ganz besonders aber die Monate zunächst nach der
Schlacht bei Nancy gehören zu den wildstbewegten der ganzen
eidgenössischen Geschichte [13]). Bedenklicher, als je vorher, machte
sich der längst vorhandene Gegensatz zwischen Städten und Ländern
im Schosse der Eidgenossenschaft geltend —: schon war in den ersten
Wochen von 1478 der Gedanke des in politischem Scharfblicke
und thatkräftigem Handeln auch jetzt wieder voranstehenden Bern
gescheitert, durch Erweiterung des Bundeskreises über die Frei-

---

v) Nr. 133. — w) Nr. 135 u. 136. — x) Nr. 138—141. — y) Nr. 142—144. —
z) Nr. 145 u. 146.

grafschaft Burgund theilweise selbst in Karl's des Kühnen Erbe einzutreten; der tumultuarisch übermüthige Freischaarenzug des „thorechten Lebens", welchem nur mit grösster Mühe Halt geboten worden war, liess weitere derartige Ausbrüche regelloser Willkür aus den Waldstätten befürchten; so schlossen nicht viel mehr als ein Dritteljahr nach dem Tode Karl's, gewissermassen als Antwort auf diese abenteuerliche Friedensstörung, fünf Städte unter sich ein Sonderbündniss ab, das ewige Burgrecht, dessen Tendenz allerdings in erster Linie gegen die Länder ging. Der Hass aber, welchen dieser Vertrag nach sich zog, concentrirte sich in erster Linie auf die Stadt Luzern, die den Ländern räumlich zunächst gelegene Theilnehmerin am Burgrechte, zugleich diejenige Paciscentin, gegen welche durch einen verletzten Artikel des Vierwaldstättebundes von 1332 eine legitime Einrede für die Länder gegeben war. Immer stärker steigerten sich bis in den Herbst 1478 die Leidenschaften: ein innerer Krieg stand vor der Thüre. Da ergab sich auf einmal ein wohlthätiger Ableiter des wilden Stromes nach aussen hin: zunächst rein urnerische Händel mit der herzoglichen Regierung in Mailand rissen die übrigen Eidgenossen, trotz ihres Widerstrebens auch die Städte, in einen äusseren Kampf hinein. Die erste Gelegenheit gaben ein Gezänk von Dorf zu Dorf, urnerischer und mailändischer Nachbaren, über einen Castanienwald, und Irrungen über Zölle: so geringer Anlässe bedurfte es, um die unbändige Jugend der Gebirgsthäler, welche mit Jauchzen jede Gelegenheit zum Streiten begrüsste, die Waffen ergreifen zu lassen gegen eine Macht, mit der ein Vertrag kaum erst abgeschlossen war —; dahinter freilich steckten auch noch Aufreizungen des Papstes. Indessen — die Leidenschaften, durch diesen Ableiter in ihren Folgen nach aussen hin geleitet, kühlten sich, und statt eines inneren Krieges können die schweizerischen Annalen zu den letzten Tagen von 1478 jenen Sieg von Giornico bezeichnen, welchen der Mitkämpfer Hans Viol besungen hat[a]).

Die nächsten zwanzig Jahre sind — wir haben schon darauf hingewiesen — sehr arm an Liedern (denn von den auf St. Gallen'sche

---

a) Nr. 154.

Verhältnisse bezüglichen^b) müssen wir um der Kürze der Zeit willen hier absehen); und die beiden auf den mächtigen Burgermeister Waldmann von Zürich^c) haben, wie bereits angedeutet, geringen Werth. Erst der gewaltige Kampf am Ausgange des 15. Jahrhunderts, nach dessen glücklichem Ausgange die Eidgenossenschaft nur noch formell ein Glied des deutschen Reiches blieb, bringt uns wieder eine wahre Fülle von Liedern^d), und wenn wir dieselbe überblicken, so wissen wir nicht, sollen wir den Krieg vom schweizerischen Standpuncte aus als Schwabenkrieg oder vom überrheinischen als Schweizerkrieg auffassen; denn, wie bei dem alten Zürichkriege, sind wir wieder im Falle, Lieder von den beiden kriegführenden Seiten zu besitzen.

Durch das ganze 14., noch mehr durch das 15. Jahrhundert herunter war zwischen den alten alamannischen Stammesgenossen diesseits und jenseits von Bodensee und Rhein der Gegensatz und damit die Abneigung, der offene Hass in stetem Wachsen begriffen. Aber vollends seit dem burgundischen Kriege hatte diesseits bei den Eidgenossen der Einfluss Frankreich's stets zugenommen, während es drüben im Schwabenlande seit 1487 eine fest organisirte Verbindung gab, in welcher alle jene Elemente reichlich vertreten waren, auf deren Unkosten die Schweiz sich gebildet hatte. Und dass dieser schwäbische Bund durch den Kaiser angeregt war, diente ihm in den Augen der Eidgenossen keineswegs als Empfehlung. Nicht zwar, dass sie die kaiserliche Autorität anfechten wollten; aber des Kaisers Person war für sie keine Vertrauen erweckende. War es doch noch immer jener selbe habsburgische Friedrich, der vor bald einem halben Jahrhundert die Armagnaken gegen sie gehetzt, der während der Dauer des burgundischen Conflictes im gefährlichsten Momente durch den Abschluss eines Bündnisses mit Karl ihre Stellung verschlimmert hatte. Als nun in der Mitte der Neunziger Jahre unter Maximilian, dem Sohne Friedrich's, eine bessere Organisation des Reiches versucht wurde, setzten die Eidgenossen den Zumuthungen, in den Rahmen der Reichsverfassung miteinzutreten, Ablehnungen entgegen —: denn was half ihnen das Reich, da sie in ihrem eigenen kleineren Organismus die als

---

b) Nr. 159, 175—177, wie schon früher Nr. 95. — c) Anzeiger f. schweiz. Gesch. u. Alterth. Kde. 1865. p. 43 u. Nr. 174. — d) Nr. 196—211.

nothwendig ihnen erscheinenden Einrichtungen für sich schon ganz fertig hatten? Wie stets in solchen Lagen, mangelte es nicht lange an Stoff, um den als um scharf ausgesprochene und hart bestrittene Rechtsfragen der längst vorhandene Hass zum Kriege sich entflammen konnte [14]). So erhob sich aus grossen Gegensätzen und kleinen Zänkereien ein erbittertes Blutvergiessen, der von uns Schweizern als Schwabenkrieg bezeichnete Kampf von 1499, von weitem Schauplatz; denn derselbe dehnte sich aus von den letzten Jurabergen, welche die Birs bespült, ehe sie in die Rheinebene hinaustritt, bis zu den sanften fruchtbaren Höhen vor den Thoren von Constanz und wieder bis zum engen Schluchtthale des Wildbaches Rham [15]), der die junge Etsch in ihrem obersten Laufe vermehrt. Im Schwabenkriege nämlich zum ersten Male tritt die an der Seite der schweizerischen entstandene rätische Eidgenossenschaft handelnd neben der älteren Schwester auf: darauf wies schon Anfang 1499 ein Landsknechtlied[e]) hin:

O Maximiliane, des römschen richs ein küng,
vernim diese ding:
(und tuo darzuo!)
es lit obnen an dem Rin ein stat die heisset Chur,
darinn lüejet ouch ein schwizer kuo;
willtu das nit meren,
die schwizer puren werdent sich meren.

— Wie im ebeneren Lande Schweizer und Schwaben, so schlugen sich im Gebirge Bündner und Tiroler.

Allein schon längere Zeit vor dem eigentlichen Kriegsjahre huben zwischen den Rivalen um den Ruhm der grösseren Kampftüchtigkeit, den schweizerischen Reisläufern und den deutschen Landsknechten, die Neckereien an.

1494 hatte Karl VIII. von Frankreich seinen Zug nach Neapel unternommen, wobei die schweizerischen Söldner das Beste thaten; wider ihn brachte Maximilian 1495 ein grosses Gegenbündniss zu Stande. Pochend auf diese Allianz, erbittert über die Ablehnungen der Schweizer dem Reiche gegenüber, ruft nun ein Lied[f]) 1495 über die Eidgenossen:

---

e) Nr. 198. — f) Nr. 196.

> Si triben grossen übermuot,
> meinen niemant si ir gelich,
> ir hoffart tuot niemer guot,
> si verachtent das heilig rich
> darzuo die römschen kron;
> ich hoff die zit werd komen,
> dass inen werd der lon!

Und an Maximilian sich wendend, sagt der Sänger: was für andere Leute hast Du, König, in Deinen Landsknechten!

> Landsknecht tuot man brisen,
> si hands mit dem römschen rich,
> für kluogen und für wisen,
> von keck ist nit ir gelich.
> O küng, halt si in huot,
> du magst iez nüt geschaffen
> on die fromen landsknecht guot!

Aber diesem Liede von deutscher Seite trat der „bruoder Hans im finsteren tan" entgegen, und er sang ein Trutzlied auf den schwäbischen Bund*). Darin ruft er dem französischen Könige zu, er solle sich die Schweizer treu erhalten:

> Edler künig und herre
> zuo Frankrich du edles pluot,
> an die drouwort dich nit kere,
> doch hab ein guoten muot!
> tuo zuon eidgenossen werben,
> es sint recken usserwelt,
> bi dir so tuont sie sterben,
> die manhaftigen held.

In Italien, meint Bruder Hans, habe Karl VIII. das erfahren:

> Sie liessen sich nit erschrecken,
> die edlen buren werd,
> sie sind handfeste recken,
> ieder man ir begert,
> wo man sol erjagen

---

g) Nr. 197 (p. 26: Z. 2 v. o. setze ich „in", Dat. Plur., sc. den Schweizern, statt „im", wie bei Liliencron: p. 373).

und wenden kummers not;
kein schand tuot man in sagen,
sie bestond biss in den tot.

Die Fürsten aber, welche die Schweizer bekriegen wollen, bedroht das Lied: bitter werdet Ihr das zu bereuen haben; ungleich besser könntet Ihr Eure Waffen verwenden:

Der Türk schribt sich ein herre
wol in dem tüetschen land;
bobst, künig des schempt uch sere
und nempt das selb zuo hand
und lond die Schwizer bliben
und retten das cristen bluot:
den Türken tuot vertriben,
das würt uch nitz und guot!

Doch nach diesen Liedern dauerte es noch drei Jahre bis zum Anfange des Krieges. Es folgten Versuche den Frieden zu vermitteln; aber einen nach dem anderen vereitelte die gegenseitige Gereiztheit. Während immer hartnäckiger zwischen den Regierungen verhandelt wurde, erklang dazu aus den Kreisen des Volkes, nur in anderer Weise, ein lautes Echo. Da überboten sich die Landsknechte in höhnischen Anspielungen auf die Hauptbeschäftigungsweise ihrer Feinde: Eidgenossen, die ihnen in den Wurf kamen, reizten sie durch Nachahmung des Kuhgebrülles oder sie tauften in möglichst herausfordernder Weise ein Kalb auf den Namen einer angesehenen schweizerischen Magistratsperson, und dazu sangen sie Lieder von einer Beschaffenheit, welche die Anbringung auch nur des bescheidensten Probeausschnittes verbietet[h]). Und von eidgenössischer Seite ertönten Erwiederungen, welche zwar mitunter auch noch derb genug waren, aber doch etwas mehr Anstand beobachteten, auch in formaler Hinsicht höher standen. Im Februar 1499, wo — um mit des Berners Anshelm Worten zu reden — die starken Rüdon sich zu erboissen begannen, sang einer von den eidgenössischen Schaaren, welche das Rheinthal den im Vorarlberg liegenden Landsknechten gegenüber besetzt hielten, ein solches Gegenlied[i]).

---

h) z. B. Nr. 200. — i) Nr. 201.

Hatten die Landsknechte in ihren Versen mit Kühen und Kälbern um sich geworfen, so nimmt dagegen diese Antwort von der Bekleidung der Feinde, den tirolischen Juppen, Anlass zu spotten, es werde viele Juppen kosten:

> Die schoppen*) die sind tüer!

Nochmals zwar warf, im Frühjahr 1499, draussen im Schwabenlande, zu Esslingen, Mathes Schantz in einem Liede den Schweizern alle ihre alten und neuen Missethaten vor, wie sie Leopold bei Sempach, Karl bei Nancy erschlagen hätten, und drohte ihnen mit der verdienten Strafe¹): — aber Schlag auf Schlag, Sieg auf Sieg, Lied auf Lied waren darauf von eidgenössischer Seite die Erwiederungen. Ein Luzerner und ein Berner sangen, wie es am zweiten Donnerstag nach Ostern vor Constanz zuging*): da brachen die Feinde früh am Morgen aus der Stadt und ihnen gelang es, Ermatingen zu überfallen; aber am gleichen Tage noch büssten sie am Schwaderloo ¹⁶) all ihren Erfolg ein und wandten sich in schmähliche Flucht. Besonders den Constanzern wurde reichlich Spott zu Theil, weil sie ihre Büchse, genannt der Säckel, im Felde gelassen hatten; der Berner scherzte, sie hätten wohl aus diesem Säckel die drei Vormittags verbrannten thurgauischen Ortschaften bezahlen wollen:

> Ein büchs hat man behalten,
> der Seckel ist si genannt,
> damit die von Constanz woltend bzalen
> drüe ort im Schwizerland;
> den Seckel hand si gegossen,
> si zellend bald das gelt:
> man wirt noch mengen eidgnossen
> vor Constanz sehen im veld.

So ging es am Bodensee zu. Einer aus dem grauen Bunde dagegen sang*) von jenen „grauwen puren", über die noch kürzlich ein Landsknechtlied prophezeit hatte, gar bald würden sie sich dem Pfauenschwanze wieder schmiegen°): er schilderte, wie am 22. Mai die Bündner an der Calven oberhalb Glurns siegten und weit hinunter in's Etschland die Verwüstung trugen. Genau zwei Monate

---

k) noch im Dialekte: „Schopen" (mit langem o) = „Jacke, Oberkleid"· — l) Nr. 202. — m) Nr. 203 u. 204. — n) Nr. 205. — o) Nr. 199.

später, am 22. Juli, fielen bei Dornach reiche Trophäen den Schweizern in die Hände, darunter Panner, welche nicht völlig ein Vierteljahrhundert früher in den Kämpfen gegen Burgund als bundesgenössische geweht hatten: zwei Lieder, wovon eines mehrfach erweitert[r]), und ein längerer Spruch[q]) gaben der Siegesstimmung Ausdruck. Andere Dichter stellten dann die Ereignisse des ganzen Krieges in Einem Rahmen zusammen, voll von Durst nach neuen Thaten:

> Die eidgenossen wends lernen singen
> gar bald ein nüews Swizerlied[t])!

— Allerdings wollte der Feind sich als besiegt nicht anerkennen; ein Landsknecht entgegnete[s]):

> Welt es uch alle dunken guot,
> ich sing uch von dem grossen ubermuot,
> den die Schwizer hand getriben,
> wie sie vil lit hand umgebracht,
> davon hand si ze singen und ze sagen.
> Und heten si sich recht bedacht,
> für war, si heten kain lied gemacht
> von irem laster und schanden,
> die si disen krieg getriben hand
> an helgen riche stet und landen!

Und so betrachtet dieses Lied die Dinge weiter von seinem Standpuncte aus, z. B. die Dornacherschlacht, nachdem es unmittelbar vorher den Ueberfall von Ermatingen erwähnt, das Gefecht im Schwaderloo aber todt geschwiegen[17]):

> Von Dornach hand si ain lied gemacht,
> si haben gewunnen ain grossi schlacht,
> und haben es unrecht geschriben
> und so man es bim liecht besicht,
> der merdeil ist in da beliben.

Allein reichlich gemessen zahlte ein Schweizer, „ein alter gris", wie er sich nennt, diese Spöttereien zurück[t])[18]). Den Feldkirchern z. B. warf er vor, dass sie ihr Fähnlein in eiliger Flucht zu Vaduz

---

p) Nr. 206: A., B., C. u. 207. — q) Argovia von 1861: pp. 117—125. — r) Nr. 208. — s) Nr. 209. — t) Nr. 210.

vergessen hätten uud dann durch einen Boten, der durch den
Schaner Wald lief, dasselbe nachholen liessen. Zu Hard bei Bregenz
— höhnte er — sind im tiefen Graben viele Feinde ertrunken:
> Der bär der touft si nach siner art,
> menger Schwizer da ir göti^u) ward,
> si schrüwend: "was böser puren!"

In solcher Weise fährt der alte Greis fort, mit mehr Witz und mit
weniger Rohheit, als sich sonst in diesen Dichtungen vom Ende
des 15. Jahrhunderts vermissen und finden lassen. Vom Treffen
am Bruderholz bei Basel singt er:
> Denen uss dem grossen pund
> was der Schwizer luft ungesund,
> acht hundert sind iren da bliben.

Trotz spricht er dem römischen Könige und seinem "Jupen-
punde", Trotz dem Mainzer Kurfürsten (keinem anderen als dem
in der Verfassungsgeschichte des deutschen Reiches so ehrenvoll
genannten Berthold von Henneberg) und dem verächtlich als "Gaden-
gericht"^v) bezeichneten Kammergerichte desselben. Was sollen den
Schweizern diese fremden Dinge, zu denen man sie zwingen wollte?
Sie haben ihre eigenen Bünde, und eigen Land und Leute, und
die wollen sie behalten und schirmen:
> Wärind der heren noch als vil,
> diewil uns der alt got helfen wil,
> den wellend wir lassen walten.

Und der Friede von Basel bestätigte, was durch die Waffen-
erfolge gegeben war, die factische Unabhängigkeit von Kaiser und
Reich. Zwar rief ein langer Spruch^w) gegen die meineidigen,
ungehorsamen, verrätherischen Eidgenossen nochmals des Himmels
Rache an und rieth ihnen, friedlich bei Hause zu bleiben:
> Den Schweizern wölt ich geben rat,
> plibens da haim, das wer in not,
> und machten ziger und auch kes
> und anken^x), den man geren ess
> und giengen in sich selber bass^y)

---

u) "Pathe". — v) noch im Dialekt "Gaden" = "Schlafkammer", daneben
auch "Hütte". — w) Nr. 211. — x) "Butter". — y) "besser".

> und liessen iren neid und hass
> und weren willig undertan
> dem adel, als dann got will han,
> und liessen iren stolz und pracht,
> das manchen redlichen man verschmacht!

Aber dieser gute Rath kam längst zu spät. Die Eidgenossen standen so fest wie nie, und sie vergrösserten die Zahl ihrer Orte, welche durch den Beitritt von Freiburg und Solothurn nach dem Burgunderkriege bereits von acht auf zehn gestiegen war, nur zwei Jahre nach dem Schwabenkriege um zwei weitere Bundesglieder, Basel und Schaffhausen, von denen vornehmlich das erste einen höchst namhaften Zuwachs bildete. „Wie Basel ist schweizerisch worden", singt uns denn auch Caspar Jöppel im letzten der hier von uns in das Auge gefassten Lieder[z]):

> Basel du vil hohe kron,
> du wilt den frumen aidgnossen beiston,
> du hast dich zuo inen verbunden.

Das Rechte haben die Eidgenossen ergriffen, als sie Basel aufnahmen — sagt der Dichter —:

> Den schlüssel hand sie empfangen,
> damit sie ir land mögen bschliessen.

Manchen Oesterreicher dagegen verdriesst es, besonders die Breisgauer; vom Breisgau steht:

> Die bruck hat es verloren;
> sie ist im ain starke maur gewesen,
> Basel hat den aidgnossen geschworen!

Von Kampf zu Kampf, von Sieg zu Sieg haben uns die historischen Volkslieder durch das ganze 15. Jahrhundert hinuntergeleitet. Wir liessen uns durch ihre Dichter selbst die Ereignisse vorführen, suchten uns aus ihren Versen den Geist der Zeit, durch welchen diese Begebenheiten getragen, von welchem sie gefärbt waren, möglichst leibhaftig vor die Augen zu stellen. Nicht jedoch

---

z) Nr. 222.

bekümmerten wir uns darum, in wie weit der Inhalt dieser Lieder mit der anderweitigen, sei es urkundlichen, sei es historiographischen Kunde zusammenstimme —: diese Untersuchung nach dem Werthe des Liedes als Geschichtsquelle für jeden einzelnen Fall, welche selbstverständlich bei jedem Stücke wieder mehr oder weniger anders ausfallen wird [19]), berührt uns auch im Folgenden nicht, wo uns das bisher hauptsächlich nach chronologischer Reihenfolge vorgenommene Liedermaterial nach den ihm inne wohnenden Eigenschaften noch auf einige bestimmte Fragen Aufschluss geben soll.

„Der uns das liedlin nüewes singt", „Der uns das liedlein hat gemacht", „Der uns das liedli hat gesezt", oder wie er ähnlich sich bezeichnen mag — der Dichter nennt in einer ansehnlichen Zahl dieser Lieder entweder geradezu seinen Namen oder er redet wenigstens von sich, von seiner Stellung zu dem besungenen Ereignisse in so deutlicher Weise, dass sich die dergestalt bezeichneten Lieder zu besonderen Gruppen leicht zusammenstellen lassen.

Und die ansehnlichste dieser Gruppen schliesst sich an keine andere Stadt, als an Luzern, den „umbelicus terrarum confederatorum", wie um 1478 der gelehrte Albert von Bonstetten schrieb, die vierte unter den Waldstätten, das älteste Glied der Eidgenossenschaft nach den drei Ländern, für deren Thalschaften der Marktplatz und ein Stapelplatz für den Gotthardverkehr. Schon das als einzelnes Beispiel vorangestellte Ragazer Lied lehrte uns in Hans Ower einen Luzerner als Dichter kennen; aber diese Stadt hat im 15. Jahrhundert noch mehr Arbeiter auf dem Felde des historischen Volksliedes in ihren Mauern gehabt. Ein Luzerner, Zeitgenosse Ower's, war der Hans Halbsuter, dessen Familienname ein viel bekannter geworden ist; denn unter demselben kündigt sich diejenige Compilation von Liedermaterial über die Sempacherschlacht*) an, welche auf dem Gebiete des historischen Volksliedes das erste Zeugniss für den gemeiniglich populärsten Moment der Schlacht, für die Aufopferung Winkelried's, bietet — allerdings für eine derartige Geschichtsquelle eine sehr späte Erwähnung und dazu dieselbe nur sehr allgemein und unbestimmt gehalten; denn die Einführungsworte dieser Episode

---

a) Nr. 34.

heissen bloss: „ein Winkelriedt der seit"[20]). Ebenso ist wohl nirgends anderswo, als zu Luzern, nach der Mitte des 15. Jahrhunderts die specifisch urnerisch gefärbte Version der Sage von der Befreiung der Waldstätte in ein Lied gebracht worden, jene Auffassung nämlich, welche die Emancipation der Länder nicht an einen Geheimbund, sondern an den Apfelschuss anknüpft. Ursprünglich war es nur ein Lied vom Apfelschuss in neun Strophen gewesen; vor und nach den Burgunderkämpfen aber wurde dasselbe durch Einschaltungen und Fortsetzungen zu demjenigen „vom ursprung der eidgnoschaft"[b]) sehr erheblich erweitert[21]). — Doch zu Luzern wohnten ausserdem noch andere Sänger von Volksliedern: Hans Viol, der ein Lied über den Murtensieg und dasjenige über Mailand's Niederlage bei Giornico sang[c])[22]), Hans Wick, „von Luzern gebürtig und in Uri wohl bekannt", dem als einem Mitkämpfer das Treffen im Schwaderloo preiswürdig erschien[d]), Peter Meiler, allerdings von Rapperswyl stammend, aber „zu Luzern bei der Stadt sitzend", gleichfalls ein Zeitgenosse des Schwabenkrieges[e]); von einem ungenannten Luzerner ist ein Lied über den Sieg von Grandson erhalten[f]).

Ungleich weniger reich an Dichtern ist das Bernerland. Allerdings verräth sich das oben bruchstückweise mitgetheilte Lied über den Sundgauerzug[g]) als von entschieden bernerischem Ursprunge; der Sänger des zweiten Liedes vom Gefecht am Schwaderloo bezeichnet sich geradezu als Berner[h]): — aber einen Namen erhalten wir nicht. Der „bruoder Hans im finsteren tan" dagegen, welcher gegen den schwäbischen Bund und über die Dornacherschlacht sang[i]), war ein Freiburger, kein anderer, als der Hans Lenz, von dem eine Reimchronik über den Schwabenkrieg 1849 gedruckt wurde[23]). Noch geringer an Zahl — beinahe darf man auch sagen, an Werth — ist, was von Zürich ausging: neben dem Trutzliede des Peter Müller vom Zürichsee „wider die Schwaben in Constanz"[k]) ein Lied über Waldmann's Tod vom „scherer von Jlöw", welches Liliencron zwar höchst abschätzig, aber nicht unwahr „in der That eine Salbaderei" nennt[l]). Die anderen Theile der Nordostschweiz

---

b) in der erweiterten Gestalt Nr. 147. — c) Nr. 143 u. 154. — d) Nr. 203. — e) Nr. 210 in einer der Zusatzstrophen. — f) Nr. 138 (vgl. meine n. 22). — g) Nr. 121. — h) Nr. 204. — i) Nr. 197 u. 207. — k) Nr. 201; vgl. Anmerkung zu Liliencron Bd. II. p. 114. — l) Nr. 174 (Ilöw = Illnau, Bez. Pfäffikon).

liefern, da wir hier abermals von der St. Gallen'schen Gruppe absehen, nur den Sänger des Liedes vom Waldshuterkriege, einen Appenzeller, den Töni Steinhuser'''). Als „im grauen Bunde sitzend, zu Cur gar wohl bekannt" kennzeichnet sich der Anonymus, dem die Schlacht an der Calven zum Dichten Anlass gab").

Fragen wir nach der anderweitigen Beschäftigung dieser Urheber von Liedern, so geben sich die meisten als solche zu erkennen, welche die Waffen in dem betreffenden Falle selbst geführt haben; manche sind ohne alle Frage Leute gewesen, die aus dem Kriege einen Beruf machten, darunter gerade der zuletzt genannte Bündner:

 Keinem herren ist er verbunden;
 sin narung ist er suochen
 in tüetsch und welschem land."⟩

Andere freuen sich wenigstens recht herzlich des bisher Geleisteten, z. B. der „frische Eidgenosse" von Dornach:

 Er hat mengen Swaben erstochen
 und mit den Strassburgern gerungen") —

und sie sind wohl dazu aufgelegt, noch mehr zu thun, wie jener Berner vom Schwaderloo:

 Sin halbarten hat er gewezt
 vor Gotlieben in dem riet,
 da die Schwaben woltend wichen
 und erstochen wurdend blend;
 er wil noch mengen erstechen,
 e der krieg hab ein end!⁴)

Höchst wahrscheinlich ist aber auch die zahlreiche Classe der fahrenden Sänger unter unseren Liederdichtern vertreten gewesen. Wenigstens legen die Schlussworte des einen Grandsonerliedes⁵) diese Vermuthung nahe, da der Dichter darin über sich aussagt:

 Der uns dis liedlin nüewe sang,
 der⁶) tuot vil manchen irren gang,
 guot leben ist im türe⁷)!
 in siner teschen ist er swach,
 er claget ser sin ungemach,
 dass ir im koment zuo stüere!

---

m) Nr. 122. — n) Nr. 205. — o) Nr. 205.   p) Nr. 206: A. — q) Nr. 204. — r) Nr. 139. — s) ich setzte „der" statt „des". — t) „solten".

Aus dem österreichischen Parteigänger Isenhofer von Waldshut*), dem Zeitgenossen des alten Zürichkrieges, hat Zschokke mit gewandter Hand die trefflich gezeichnete Figur eines solchen Fahrenden in dem Romane: „Der Freihof von Aarau" zu machen verstanden. Ein Pädagoge dagegen war der schon berührte Bruder Hans im finsteren Tann; denn beide Male*) redet er in seinen Liedern von Schülern, welchen er „Lehre gebe".

Allein nicht bloss die „Schwizerknaben"*) versuchten sich im Singen: auch ein „tochterlin junge" hat sich einmal dazu begeistert gefühlt, und zwar durch das gewaltsame Ende des kecken Frischhans Theiling von Luzern[24]), welcher durch den auf dem Gipfel seiner Macht stehenden Hans Waldmann aus Rachgier und Eifersucht, der Reisläufer durch den Pensionenbezüger, auf das Schaffot gebracht worden war:

> Dis lied ist uns ensprungen
> gesungen und oucht gemacht
> von einem tochterlin junge;
> es hat es wol bedacht,
> wie wol es jungen joren ist.*)

Derjenige Sänger jedoch, dessen Lieder unter allen weit die vorzüglichsten sind, welcher von allen diesen Dichtern ohne Frage den ersten Preis verdient, war kein geborener Schweizer, sondern wurde nur durch die Politik seines Landesfürsten vorübergehend Waffengefährte der Eidgenossen: es ist Veit Weber. Auch Mathis Zoller von Laufenburg, der Geselle, welcher „ein stachelin stangen zer hand füert" und von dem wir Lieder über den Blamonterzug, über die Schlachten von Murten und Nancy haben*)[25]), war als Angehöriger einer der österreichischen Waldstädte am Rheine wohl nur durch die 1474 zwischen Oesterreich und den Eidgenossen abgeschlossene ewige Richtung dazu gekommen, ein Kampfgenosse der Schweizer zu werden. Noch sicherer aber trifft dieser Fall ein bei dem poetisch so hoch begabten Veit Weber von Freiburg im Breisgau, und so ist es sehr begreiflich, dass gleich das erste der von Weber vorhandenen Lieder*) „von dem ewigen friden und der richtung" handelt:

---

u) Nr. 79. — v) Nr. 197 u. 207. — w) z. B. Nr. 145: „zwen Schwizerknaben". - - x) au der oben p. 23 bei c) bezeichneten Stelle. — y) Nr. 136, 144 u. 146. — z) Nr. 130.

> Gelobet si der ewig got,
> dass er den krieg verrichtet hat,
> der lang zit hat geweret
> zwüschen dem hus von Oesterrich
> und den eidgnossen allen glich,
> davon meng man ward besweret!
> Des hab dank herzog Sigmund
> dass ers hat richten*) lassen,
> die glich ouch zuo aller stund
> die fromen eidgnossen,
> dass sie sich hand als güetlichen vereinet,
> darumb meng mensch hat gweinet
> von rechten fröuden und
> dass es darzuo ist kond.

Wie wahrscheinlich auch der eine und andere schweizerische Liederdichter, ist Veit Weber Sänger von Beruf und Krieger zugleich gewesen. — Als bestellter Dichter[26]) trat er auf, als er 1475 die Schwester seiner Vaterstadt, das üchtländische Freiburg, in einem prächtigen Liede[b]) verherrlichte. Da redete er zuerst von sich selbst:

> Mit gesang vertrib ich min leben,
> von tichten kan ich nit lan,
> darumb mir stet hand geben
> die schild, ich an mir han,
> dass ich mich dester bass müg ernern
> und erlich kum gegangen
> für fürsten und für herrn —

und darauf pries er Freiburg:

> Ein stat die lit in Oechtland
> zuo vorderst an dem hag[c]),
> Friburg so ist sie genant
> und ist ein rechter slüssel
> zuo der eidgnossen land.

---

a) „durch freundliche Uebereinkunft in rechte Ordnung bringen". - b) Nr. 137. — c) „Hecke", hier in dem Sinne: „als die äusserste westlich gelegene Stadt Karl's Angriffen zuerst ausgesetzt".

> Man sol sich Friburg fröwen,
> wann es ist manheit vol,
> es stat hart als die löwen,
> darumb ichs loben sol;
> wo man ein sturm wil fachen an,
> so hat es frisch gesellen
> alweg[d]) vornen dran.

Sollte der Burgunder vor Deine Mauern kommen, so fürchte Dich nicht, Freiburg!

> Darumb stell dich in ganze wer,
> lad din guoten büchsen
> und schüess im in sin her.

> Wer Friburg meint zuo gewinnen,
> der hat ein tummen muot;
> ir graben, muren, zinnen
> sind vest und darzuo guot,
> und wenns der Welsch sturmt über not,
> als vil er lüet möcht bringen,
> man slüegs im alle ze tod.

Bei solcher Kampfarbeit aber hat Veit Weber selbst wacker mitgeholfen. Wo er vom Streite vor Hericourt singt[e]), sagt er am Schlusse:

> Der uns dies liedli hat gedicht
> von disem zug so kluog,
> der was selber bi der geschicht,
> da man die Walchen ersluog.

Aehnlich endet sein Lied von der Murtenschlacht[f]), in dessen Eingang steht:

> Mich hat verlanget tag und nacht,
> biss sich der schimpf[g]) nuo hat gemacht,
> nach dem ich han verlangen —

und ebenso ist wohl nicht zu bezweifeln, dass, was er vom Zuge nach Pontarlier vorbringt[h]), von ihm selbst Gesehenes, auch durch seine Kraft Erreichtes darstellt, wenn auch allerdings in diesem Liede die Anschaulichkeit der Erzählung nicht so überraschend ist, wie im Murtenliede, wo Strophe nach Strophe Bild nach Bild entrollt.

---

d) „jedenfalls, durchaus". — e) Nr. 133. — f) Nr. 142. — g) „Scherz". — h) Nr. 135.

An Murten's Mauern hin führt uns der Dichter zuerst, vor welche Karl der Kühne zur Rache für Grandson gerannt kömmt: „Murten wolt er zerbrechen". Aber mag der Herzog wüthen, wie er will, mag er schiessen und stürmen: die Stadt hat wackere Besatzung und in Bubenberg einen trefflichen Hauptmann: „Fürbass man nach im stellen sol, wo man ein stat wil behalten". Doch den Eidgenossen, dem Herzog von Lothringen, dem Oesterreicher, den Städten der niederen Vereinigung wird gemeldet, wie es um Murten stehe. Was für ein Heer ist nun darauf hin zusammengekommen!

> Kein hübscher volk gesach ich nie
> zuosamen komen uf erden hie
> in kurzer zit als balde;
> si brachten büchsen one zal,
> vil hellebarten breit und smal,
> von spiessen sach man ein walde.

Am Samstag dann, am Tag der zehntausend Ritter, ist zum Kampfe geschritten worden. Früh morgens Vorrücken durch einen grünen Wald, Schlagen von Rittern, ein schneller Kriegsrath:

> Do hort ich mengen sprechen:
> „ach got, wan hat ein end die sag[i])?
> nuo ist es doch umb mitten tag,
> wenn sond wir howen und stechen?"

Endlich der Angriff: Entlebuch und Thun voran, Reiter und Büchsenschützen, Spiessträger und Hallebartenkämpfer hinter ihnen her auf den Feind. Nur kurze Zeit hält er dem Angriffe Stand: welches Morden, wie wild die Flucht; das Wasser des Sees färbt sich roth; wie die Krähen werden die auf die Bäume Gestiegenen herunter geschossen. Zwei Meilen weit 26000 erschlagene Burgunder; von den Eidgenossen — der Dichter fordert, dass man ihm auf sein Wort glaube — sind nicht zwanzig Mann umgekommen. Eine halbe Meile breit die Zelte des besiegten Herzogs: wie viel Geschütz, wie zahlreiche Panner hat er zurückgelassen!

Allein es wäre ungerecht, über Veit Weber's Liedern die Leistungen Anderer allzu sehr in den Schatten zu stellen. So ist in Mathis Zoller's Murtenlied[k]) u. A. die mannliche Vertheidigung

---

i) „das Schwatzen" (im Gegensatz zum „Schlagen"). — k) Nr. 141.

Murten's durch Bubenberg höchst anschaulich geschildert; das Schlachtgetöse bei Giornico ahmt Hans Viol recht gelungen nach¹); der Graubündner erzählt gar nicht ungeschickt den Gang des Kampfes an der Calven"). Daneben stehen freilich auch manche nur einen sehr geringen poetischen Gehalt aufweisende Reimereien. So bietet der eigentlich erzählende Theil des einen der Lieder vom Sundgauerzuge°) nicht viel mehr als eine trockene Liste verwüsteter Schlösser und zerstörter Ortschaften; der Appenzeller Töni Steinhuser interessirt sich in seinem Waldshuterliede°) mindestens ebenso sehr für das im Schwarzwalde geraubte Vieh, als für die Belagerung des österreichischen Waffenplatzes; einen breiten Raum behauptet in einem der Lieder von Grandson^p) die Aufzählung der gemachten staunenswerthen Beute.

Ueberhaupt drängen in vielen dieser Lieder gewisse allmälig völlig conventionell werdende Theile die eigentlich erzählenden Stücke in oft allzu engen Raum zusammen.

Da ist vor allem, wie uns schon das Lied von der Schlacht bei Ragaz zeigte, die rühmende Aufführung eines Krieg führenden eidgenössischen Standes oder verbündeten Ortes nach dem anderen, eines jeden mit gebührendem Lobe, von keinem ohne etwelche Verherrlichung — aber nicht nur der Hauptstädte oder der selbstherrlichen Länder: auch den einzelnen Landschaften oder Städten von geringerer Stellung wird Preis oder Dank nicht vorenthalten, wenn sie solchen verdient zu haben schienen. So heisst es von den „frommen Livinern" nach der Schlacht von Giornico in Hans Viol's Lied⁹):

    Si sind gwesen bi der selben schlacht
    so gar mit ritterlicher macht,
    des habend si priß und er! —

Der Stadt Frauenfeld, der Thurgauer überhaupt, der Gotteshausleute von St. Gallen, der „Dockenburger knaben", der Bürger von Bischofszell und Wyl wird nach dem Gefecht im Schwaderloo durch

---

l) Nr. 154. — m) Nr. 205. — n) Nr. 120. — o) Nr. 122. — p) Nr. 139. — q) Nr. 154.

Hans Wick') gedacht. Dieser will auch die Ritterschaft im Thurgau ganz besonders dafür bedankt wissen, dass sie nicht zu ihren schwäbischen Standesgenossen hielt.

Doch Veit Weber wusste auch hierin mehr Abwechslung zu erzielen, als seine Sangesgenossen. Um eine derartige Vorführung von Städten und Ländern zu motiviren, setzt er in seinem Liede über Freiburg den Fall, die Stadt werde durch Karl den Kühnen arg bedrängt, und er stellt sich nun die Frage, wie die einzelnen Bundesgenossen Freiburg's sich dabei verhalten würden. Wie würden sie alle herbeieilen — so malt er nun aus —: Zürich bliebe nicht zurück; Luzern wäre schon bereit; Schwyz käme ungeholt; und so alle Uebrigen; aber Bern vollends:

> Bern, Friburg sind zwen namen,
> und ist doch nun ein stat,
> si hand gross lieb zuosamen;
> was ein die ander bat,
> das ist ir nie worden verseit;
> einandern si nit lassen
> in lieb und ouch in leid.')

Durch ein anderes Mittel wieder hat Weber, wo er die Theilnehmer vor Hericourt aufzählt, frische Farbe im buchstäblichsten Sinne des Wortes seinem Stoffe aufgeprägt: von einer längeren Reihe von Contingenten meldet er, in was für Gewand sie aufgezogen seien — die vom Bischof von Strassburg und die Schletstadter, „si haten all rot angeleit')" und

> die von Colmar kamen gezogen
> in rot und blaws bekleit —

Lindau weiss und grün, Villingen weiss und blau

> und Walzhuot mit dem walde
> bekleit in swarzes do —

auch die von Kaisersberg im Elsass:

> ein liferie") si an truogen
> und alsant ein gewand.

---

r) Nr. 203. — s) Nr. 137. — t) „sich bekleidet". — u) „Livrée" = „Uniform".

Nachher noch wie viele Städte aus Schwaben:
> solt ich si alle loben,
> ir ist mim lied ze vil.')

In enger Verbindung mit diesen panegyrischen Bestandtheilen weit der meisten unserer historischen Volkslieder steht ein anderes eine bedeutende Rolle in diesen Dichtungen spielendes und, wenn mit Mass angewandt, sehr belebend wirkendes Element: das ist die Stempelung der Wappenthiere zu handelnd auftretenden Figuren[27]), ähnlich wie Mathis Zoller im Blamonter Liede*) die Belagerungsgeschütze als selbstbewusst thätige Wesen besang:
> Der Struss tet mengen schalle,
> Metz und das Keterlin,
> die Reimerin gar balde
> gieng alls zen muren in')—;

noch leichter freilich hatte es 24 Jahre später der Dichter des Spruches von der Dornacherschlacht, zu welchem die grösste der erbeuteten Büchsen, der österreichische „Weck-uff", durch die ihr gegebene Inschrift („das alls stôt uff der büchsen g'schrieben") selber geredet hatte:
> „Stett und schlösser zerbrich ich,
> vor minem gwalt so hüet dich,
> Jörg Antorfer, der goss mich,
> Herzog Sigmunds, dessen bin ich".')

Dass nun unter jenen heraldischen Ungethümen als den Personificationen ihrer kampflustigen Clienten dasjenige biedere Raubthier stets einen sehr breiten Raum einnimmt, welches von einem der kernhaftesten schweizerischen Völker bis heute mit wahrhafter Liebe und allgemeiner Theilnahme in lebenden Exemplaren gehegt wird, der wackere Meister Mutz, das liegt gänzlich auf der Hand. Und so sehen wir denn in einem der Lieder von 1468 den Bernerbären aus seiner Höhle aufgeschreckt hervortreten[28]), auf den Plan sich hinaus begeben, dann in den Sundgau hinunter pfeifen und trommeln'); einmal schleift er seine Krallen gegen den Burgunder*); oder er räumt dem Feinde die Pfanne aus, worin derselbe zu Bern

---

v) Nr. 133. — w) Nr. 136. — x) „drang in die Mauern" (resp. deren Kugeln). — y) an der oben p. 28 bei q) bezeichneten Stelle. — z) Nr. 120. — a) Nr. 135.

und Freiburg hatte Kuchen verzehren wollen*); erst dem 16. Jahrhundert gehört ein Lied an, auf die Eroberung der Waadt 1536 sich beziehend, worin eine Volksanfrage durch die bernerische Obrigkeit²⁹⁾ in das Bild eingekleidet erscheint, dass der alte Bär den Jungen, „den Mözlin syn", sein Leid klagt und nach eingeholter Zustimmung mit ihnen aus seiner Höhle lustig gegen den Feind trabt˚). Doch nicht nur Bern führt den Bären auf Siegel und Panner; nach der Legende ist derselbe bekanntlich auch des heiligen Gallus gefügiger Bedienter gewesen, und so fand er gleicher Weise Aufnahme in die Abzeichen von Stift und Stadt St. Gallen, sowie vom Lande Appenzell. Desshalb rief 1468 Töni Steinhuser den belagerten Waldshutern, welche nicht nur den einen grossen Bären von der Aare, sondern auch die drei vom Lande am Säntis vor ihren Mauern „Weide suchen" sahen, die Worte zu:

    Walzhuot nuon halt dich eben und vest!
    du hast gar vil der frömbden gest,
    vier beren tuond dir zleide.⁴)

Standen diesen Bären Krallen und Zähne zu Gebote, so verfügte dagegen der im Panner der Urner prangende Stier über nachdrücklich wirksame Hörner: — in jenem Liede auf Freiburg˚) singt Veit Weber über Uri:

    Von Ure der grimm stiere
    der richt uf sin horn,
    er kem gezogen schiere'),
    es tet im also zorn;
    wenn Friburg beschech ein widerdriess*),
    in möcht ganz nieman beheben⁾),
    Burgunn er niderstiess!

Aehnlich ist Hans Viol der Ansicht, die Mailänder Schlange, welche dem Stiere in das Land ringelte, habe bei Giornico zu ihrer Schande dessen Kraft erfahren⁾). — Obschon des Feindes Symbol, ist in diesem Liede das Schlänglein von Mailand vom schweizerischen Dichter ungeschmäht gelassen worden: nicht so gut kömmt im Liede des Bündners ᵏ) der Tiroler Adler weg; er wird zur Krähe degradirt,

---

b) Nr. 138. — c) Nr. 463 (in Bd. IV.). — d) Nr. 122. — e) Nr. 137. — f) „in kurzer Zeit". — g) „Verdruss". — h) „zurückhalten". — i) Nr. 154. — k) Nr. 205.

hinter welcher im grünen Walde der rätische Steinbock einher jagt, sie „mit Halebarten strelend¹)" und ihr aus dem Schwanze die Federn rupfend.

Allein unsere Lieder verstanden nicht bloss den Feind zu necken; sondern sie kannten auch das Mittel, durch naive Adoption fremdem Hohne den Stachel zu rauben. So hat schon eine noch dem 14. Jahrhundert in ihren Anfängen angehörende Strophe des Halbsuter'schen Sempacherliedes ") in der Schweizerkuh die siegreichen Eidgenossen personificirt:

> Ku Brüne sprach zum stiere:
> „ach, sol ich dir nit klagen?
> mich wolt uff diser riviere")
> ein herr gemulcken haben:
> he! ich hab imm den kübel umgschlagen;
> ich gab im eins zum ore,
> das man in musst vergraben".

— Doch noch in anderen nahezu nothwendig gewordenen Bestandtheilen unserer Schlachtlieder konnte sich die Vielheit des eidgenössischen politischen Lebens erweisen; denn nicht nur die Thiere des Waldes, sondern auch die Heiligen des Himmels waren nicht gleich angesehen von Stadt zu Stadt, von Land zu Land, und dem Berner etwa war gewiss sein heiliger Vincenz ebenso ehrwürdig, als sein Bär lieb, während der Solothurner Urs ihm sicherlich schon etwas weniger galt; der Glarner hatte es noch kürzer, indem er seinen Fridolin geradezu im Panner führte. Diese Landesheiligen nun sind die Fürsprecher bei dem Lenker der Schlachten; an sie wenden sich die Lieder mit Vorliebe, sei es um ihren Schutz zu erflehen oder um für gewährten Schirm zu danken. So mahnt Veit Weber in seinem Liede vom ewigen Frieden mit Oesterreich°):

> Nemend zuo hilf got und sin heilgen alle,
> sant Fridle und sant Galle,
> sant Vincenz den vil schön,
> sant Urss den ritter küen —

und dabei kann man sich des Lächelns nicht erwehren, wenn man in einem der Texte findet, dass ein Zürcher, als er über das Lied kam, den Vers:

---

l) „striegelnd". — m) Nr. 34: Str. 66 ist vollständiger erhalten, als Nr. 33: Str. 14. — n) „Gegend". — o) Nr. 130.

> sant Vincenz den vil schön —

in gutem Patriotismus umänderte in:

> sant Vintzenz sant Felix und sant Regula.[p])

Dass „Maria die reine Jungfrau" und „ihr liebes Kind" häufig genannt sind, versteht sich von selbst; aber Hans Viol dankt in seinem Liede von Giornico[q]) nicht bloss „dem herren Crist und Marien der vil reinen", sondern, da der Schlachttag der 28. December war, auch den unschuldigen Kindlein von Bethlehem:

> und den helgen kindlin kleinen,
> ä an der tag es gschehen ist[30]) —

gleichwie er schon vorher St. Gotthard's Verdienst anerkannte, an dessen Pass ja gefochten worden war:

> Sant Gothart sol man brisen,
> er schwebt im land so fri,
> er tet sin craft bewisen,
> den sinen den wonet er bi.

Wessen Hülfe jedoch die Kämpfer und Sieger in erster Linie ihre Erfolge zuschrieben, sagt uns Mathis Zoller in den schönen Eingangsversen seines Murtenliedes[r]):

> Got vater in der ewigkeit,
> gelobt sigist in der gotheit
> der wirden und grosser eren,
> dass du uns gibest macht und kraft,
> dass wir sind worden sigenhaft
> am Burgund Karlus dem herren.

Und derselbe Dichter knüpfte an Karl's des Kühnen Tod ernste Betrachtungen[s]):

> Ueberheb sich nieman sins gewalt
> und siner manheit menigvalt,
> als diser fürst ie hat getan:
> er wolt got nit vor ougen han,
> darumb straft in got zuo rechter zit,
> durch ein volk, das er schazte nit.

---

p) Variante des Textes C. zu Str. 11, 13. — q) Nr. 154. — r) Nr. 144. — s) Nr. 146.

Doch nicht auf alle Theilnehmer war der Eindruck von so ernster Art, wie auf diesen sangreichen Mitkämpfer. Es war eine wilde Zeit, die oft rohe Freude über den Erfolg grösser, als das menschliche Bedauern über den Unterlegenen. Während zu Nancy dergestalt die Vergänglichkeit alles Irdischen den vor Karl's Leichnam stehenden Mathis Zoller traf und er sich besann, ob seit Menschengedenken innerhalb Jahresfrist drei so grosse Schlachten geschehen[t]), wie Grandson, Murten und Nancy, waren „zwen Schwizerknaben"[u]) mit dem Suchen anderer Parallelen beschäftigt, und sie fanden, besser hätte es nicht kommen können, als dass nach dem Vogte Hagenbach nun auch dessen Herr, Herzog Karl, todt sei:

>Nuon fröuwe dich, du Hagenbach,
>du heigist leid oder ungemach,
>din herr ist zuo dir komen!
>üer beder gwalt
>ist üech uf erden gnomen!

Nicht edler hatte acht Monate früher ein Lied[v]) über die Burgunder gespottet, welche nach der Schlacht bei Grandson im Neuenburgersee ertrunken waren:

>man jagt ir vil in einen se,
>die swimmen wolten lernen —;

dagegen war der Einfall desselben Dichters höchst wirksam, dem fliehenden Herzog Karl nachzurufen:

>Din guot ist iezunt worden veil,
>in die eidgnossen komen ein michel[w]) teil,
>des machtu dich wol schemen!
>Tuot dir der spot nit also we,
>so kum harwider und bring noch me,
>so sol mans von dir nemen.

Ein Veit Weber aber verstand auch, wo er spotten wollte, einen neuen Ton anzuschlagen. Nicht dass er übermässig weichherzig gewesen wäre! Je mehr Feinde erschlagen sind, desto grösser seine Freude:

>Des mag man sich wol fröwen,
>durchstochen ward ir hut,

---

t) Nr. 146. — u) Nr. 145. — v) Nr. 139. — w) „gross".

> zerhacket und zerhöwen,
> als ob si werent krut —

und er wundert sich einmal höchlich, dass man getödtete Cuirassiere nicht geplündert habe:

> Vil kürisser was darunder
> mit aller iro hab,
> es was ein selzen wunder,
> dass man si nit zoch ab.*)

Allein auf die hübsche Idee, den Kampf mit Operationen auf dem Schachbrette zu vergleichen, kam doch nur Weber, und zwar in seinem Murtenlied³), wo er vom Zuge gegen den Grafen von Romont spricht und die Vende (d. h. die Bauern), Roch und Ritter (Thürme und Springer) wohl aus einander hält, auch die Hut, d. h. die Deckung, erwähnt:

> Man treib mit im schachzabelspil,
> der venden hat er verloren vil,
> die huot ist im zwürent°) zerbrochen,
> sin roch die mochten im nit fürgan*),
> sin ritter sach man trurig stan,
> schochmat ist im gesprochen.

Gewisse derartige Neckereien gegen den Feind kehren häufig in der gleichen Form wieder, und von diesen hatten mehrere ihre wohl zu würdigende Berechtigung. Dahin rechnen wir z. B. diejenige, welche sich auf den Vorwurf des österreichischen Adels bezieht, dass die Schweizer sich stets in ihren Bergen hielten, wo Vertheidigung leicht sei, nie aber in das weite Feld kämen, „auf die Weite", wie die Lieder sich ausdrücken, so dass man sich unter gleichen Bedingungen messen könnte:

> „Kämind si nuon zuo uns uf dwit,
> so köndind wir in geben strit,
> ir müesst keiner lebend bliben!" —

und weiter: „Wir bgerend an die eidgnossen!
> Der ber von Bern tar nit haruss,
> er hat ab uns ein grossen grus^b),
> der stier tar^c) nümmen stossen!"^{d})

---

x) beides in Nr. 133. — y) Nr. 142. — z) „zwiefach". — a) „vortreten". — b) „Grausen". — c) „darf" (wie schon oft). — d) Nr. 122.

Auf solche Hohnrede lässt der Dichter des einen Liedes vom Sundgauerzuge*), wo der Adel den ihm angebotenen Kampf auf dem Ochsenfelde bei Mühlhausen nicht anzunehmen wagte, den Bären antworten:

> Der ber der zoch mit schalle
> über das Ochsenveld:
> „woluf, ir herschaft alle,
> und tuond ein widergelt')!
> alls hie uf diser witen
> wil ich üech strits bestan,
> das söllen ir merken schon;
> ir sprechen zuo allen ziten,
> er tör nit ussher kon!"

Noch in den Burgunderkämpfen hören wir hievon singen: im Liede vom Zuge nach Pontarlier*) werden die Eidgenossen von Veit Weber eigens dafür gelobt:

> dass si sich uf witem veld
> eins semlichen strits vermassen.

Werden dergestalt die Schweizer gepriesen, dass sie mit Muth jenseits ihrer Grenzen Stand hielten, so ist als Gegenstück dazu der Hohn begreiflich, der dem Feinde folgte, welcher sich bei einem Einfalle in das Land der Eidgenossen blutige Köpfe holte. In diesem Sinne redet Hans Viol[h]) das bei Giornico geschlagene Mailand an:

> O Meiland, werstu daheim bliben
> mit dim grossen übermuot,
> hetest nit zgross hoffart triben!
> man spricht es si nit guot.

Im 16. Jahrhundert freilich konnten hinwiederum geschlagene schweizerische Soldtruppen von ihren siegreichen Rivalen, den deutschen Landsknechten, Aehnliches sich zugesungen hören, u. a. 1515 nach der Niederlage von Marignano'):

> Wernd ir daheimen pliben
> bei kinden und bei weiben,

---

e) Nr. 120. — f) „Vergeltung". — g) Nr. 135. — h) Nr. 154. — i) Nr. 294. (in Bd. III).

hettend die küe austriben,
ziger und ankcn gmacht,
wer nutzer, als ich acht!
Statt dessen seid Ihr Reisläufer geworden:
Bruder Claus in seim leben
hat euch den rat nit geben,
gefolgt hett ir im eben,
ir werent nit so weit
gezogen in frembde streit!

Zwei Stellen der Lieder endlich gaben befähigteren Dichtern noch die Möglichkeit freierer individuellerer Bewegung: die Anfangsstrophen und die Schlussverse.

Unter den Liederanfängen besonders finden sich einige musterhafte Leistungen. Das Lied des Waldshuters Isenhofer und eines von Veit Weber knüpfen ihren Eingang an den Gegensatz von Winter und Frühling. Jenes[k]) hebt an:

Wol uf, ich hör ain nüew gedön,
der edel vogel sang!
ich trüew es kom ain ganze schön[l]),
unweter haut sin gang
gerichsnet[m]) uf der haide,
die bluomen sint erfroren.

Weber lässt sich Frühlingsanfang von einem Vögelchen vorsingen[n]):

Der winter ist gar lang gesin,
des hat getrurt meng vögelin,
das iezt gar frölich singet;
uf grüenem zwi hört mans im wald
gar süessiglich erklingen.
Der mei hat bracht gar menig blat,
darnach man gross verlangen hat,

---

k) Nr. 79. — l) „schönes Wetter" (im Dialekt noch heute ähnlich „Rüche" = „rauhes Wetter"). — m) „geherrscht". — n) Nr. 135.

> die heid ist worden grüene;
> darumb so ist gezogen uss
> gar menig man so küene.

Mit diesen letzten Worten führt der Dichter aus dem frisch begrünten Walde auf den blutgetränkten Schlachtplan. Andere ersparen dem Hörer diesen Umweg und lieben es, ihn gleich in die fertige Situation zu stellen. So der Sänger von der Eroberung des Thurgaues [o]:

> Der krieg der hat sich aber erhebt,
> die richtung ist ufgschlossen [p] —

oder in einem der Lieder von Grandson [q] der Weckruf an das saumselige Oesterreich:

> Oesterrich du slafost gar lang,
> dass dich nit weckt der vogelsang,
> hast dich der mette versumet [r])! —

oder 1499 wider die Schwaben in Constanz [s]:

> Es schwert ein pur in zoren
> den herren gross herzeleid!

Einen hellen Juchschrei glaubt man zu hören in den Eingangsversen des ersten Liedes vom Sundgauerzug [t]:

> Woluf mit richem schalle
> und sind all frisch und geil [u])!
> Bern Solotern vil balde [v]),
> got geb uns glück und heil!

So kraftvoll klingen manche Liederanfänge. — Unter den Schlussstrophen dagegen gehören wohl zu den gelungensten die zwei des Isenhofer'schen Liedes [w], in welchen der Dichter sich selbst zeichnet, wie er als Kundschafter im feindlichen Lager gelauscht hat:

> Der dises liedli haut gemacht,
> der ist von Isenhofen:
> die puren haten sin kain acht,
> wan er sass hinder dem ofen.
> Er loset [x]) irem raute

---

o) Nr. 111. — p) „der Friede ist gekündigt". — q) Nr. 138. — r) bildlich für „hast den richtigen Moment verschlafen". — s) Nr. 201. — t) Nr. 120. — u) „aufgeweckt, kühn". — v) „recht ungestüm". — w) Nr. 79. — x) „horcht".

> und was si weltin triben
> an einem aubend spaute,
> er hauts nüt muot⁾) zverschwigen!
> Früe an ainem morgen
> huob er sich dannen bald,
> er lüef dahin mit sorgen
> obnen durch den wald.
> Do er kam uf die haide,
> in ducht im wār gelungen.
> Den fromen nüt ze laide
> haut er diss lied gesungen!

Andere begnügen sich mit wenigen Worten, so Töni Steinhuser*), wo er uns vertraut, dass er den Schönen grosse Verehrung zolle:

> Er dienet schönen fröwlin fin
> und priset in ir ere!

Gerade unter diesen Liederschlüssen gibt es ferner mehrere, welche durch deutliche Appellation an den Beutel auf das bestimmteste die Zugehörigkeit des Dichters zu dem nicht mit Glücksgütern gesegneten Stande der Sänger verrathen, mögen es nun Fahrende, oder in einzelnen Städten sesshafte, etwa mit einem kleinen Amte ausgestattete, bei ausserordentlichen Anlässen als Gelegenheitsdichter hervortretende Leute gewesen sein[31]). So wartet Hans Viol in seinem Liede von Giornico*) mit dem dahin zielenden Gemeinplatze auf:

> Er spricht, es wer menger gerne rich,
> und lebte ander lüeten glich,
> so vermögend wirs nit all am guot!

Einen noch düstereren Einblick aber eröffnet in seine Bilanz der Peter Meiler von Rapperswyl in den Worten ᵇ):

> Er sizt zuo Luzern bi der stat,
> da vertuot er vil mer dann er hat.

Ein deutscher Landsknecht hinwieder scheint, als er sein Lied ᶜ) sang, kurz vorher aus dem Vollen geschöpft zu haben; denn das

---

y) „hat nicht die Absicht". — z) Nr. 122. — a) Nr. 154. — b) Nr. 210. — c) Nr. 209.

Geld brennt ihn im Säckel: er muss es durchbringen; zwar wüsste er noch viel von den bösen Eidgenossen zu singen; allein er bricht ab:

> Semlichi stück waiss ich noch fil,
> wie man es gern horen wil,
> darum wil ichs lassen beliben
> und wil mit ander landsknechten guot
> min zit und wil vertriben.

Wieder andere Lieder fassen in den Schlussversen das Hauptergebniss des Gesungenen nochmals rasch zusammen, so eines von Nancy⁾:

> Herzog Karl von Burgunn
> ist nümen heim gekomen!

Oder es sehnt sich, nachdem so viel Blutvergiessen in Reime gesetzt worden, die Endstrophe nach dem Frieden. Auch hierin wieder zeigt sich u. a. unser Mathis Zoller in seiner milderen Art; ja, er reimt sogar seinen Namen noch in den Friedenswunsch mit hinein⁾:

> Maria hilf uns, dass in kurzen stunden
> ein guoter frid werd funden!
> Des helf üech got der herr!
> wünscht üech Mathis Zoller.

Das ist so ganz nach der Art dieses etwas sentimentalen Haudegens, welchen 1475 grosses Mitleid mit dem Schlosse Blamont ergriff⁾, nachdem er geholfen hatte, es zu ruiniren:

> Wers ie gesach fürstlichen,
> den rüewet sin gross schönheit,
> dass es als jemerlichen
> zuo stucken ist geleit.

"Ein guoter eidgnoss junge" dagegen hatte bei Dornach mitgefochten, und als der Krieg zu Ende war, machte er sich daran, ein schon vorhandenes Lied von der Schlacht etwas umzuarbeiten und zu erweitern⁾ (eine seiner Beifügungen lässt nahezu mit

---

d) Nr. 145. — e) Nr. 144. — f) Nr. 136. — g) Nr. 206: C.

Gewissheit schliessen, er sei ein Zürcher gewesen, da er von dem durch Heini Ran erbeuteten Fähnlein der Strassburger[32]) redet: „ir fendli ist gen Zürich kon, hanget in der Wasserkilchen im chore"). Schon hatte er gesagt: „Diss lidli ist komen uf sin end" und hatte um die Hülfe Gottes gefleht und zur Maria und zum ganzen himmlischen Heere. Da wurde er plötzlich ängstlich, er möge wohl Einiges übersehen haben, wie ja das so leicht möglich ist. Allein er fasste frischen Muth, dachte bei sich, es müsse ja, wie jedes Lied, so auch das seinige einmal ein Ende haben, und so schloss er mit den Worten:

   Was hierin vergessen ist,
   sing ein anderer ob ers könne!

1) Vgl. in A. Lütolf's trefflicher Abhandlung: Ueber Luzern's Schlachtlieder-Dichter im XV. Jahrhundert, im Geschichtsfreund der V Orte: Bd. XVIII., p. 185 n. 2. Die kleine poetische Licenz, dass ich 1446 Ower Meister geworden sein und entsprechend dem Welti Wanner von 1373 auch den Klaus von 1443 Wannen machen lasse, wird man mir zu gute halten.

2) Dass Basel, nicht Beromünster im K. Luzern der älteste eidgenössische Druckort sei, hat Dr. Fechter im Basler Taschenbuch von 1863: pp. 248—250 nachgewiesen. Allerdings ist 1470 der Mammotrectus durch den Münsterer Chorherrn Helyas Helyä gedruckt worden; allein der Umstand, dass 1471 schon zu Basel eine Strike machende Coalition der Buchdruckerknechte gegenüber „den Meistern so die Bücher drucken" nachgewiesen werden kann, wiegt mehr, als jenes einzelne Product der Presse aus Beromünster.

3) Codex Nr. 645, in welchem Anton Henne die Klingenberger Chronik gefunden zu haben glaubte, während er nichts als eine Compilation aus dem 15. Jahrh. vor sich hatte. Ueber diesen Codex vgl. Scherer: Ueber das Zeitbuch der Klingenberge, in den Mittheilungen zur vaterländischen Geschichte vom historischen Verein in St. Gallen, Heft I. pp. 76—80.

4) Liliencron will Bd. II. p. I. (Vorwort) seiner Sammlung diesen richtigeren Titel vindiciren, da ja in derselben neben den Liedern auch Sprüche vorkommen. Für uns treten hier die Sprüche neben den Liedern so fast gänzlich zurück, dass wir ohne Scrupel durchweg von Volksliedern reden dürfen.

5) Dass dieser Dichter von Waldshut, der obersten der österreichischen Waldstädte am Rheine, stammt, sagt Tschudi (Ausg. Bd. II. p. 412). Bemerkenswerth ist in Isenhofer's Lied besonders auch die Anspielung auf Bern, das ja gleichfalls genug Bauern als Unterthanen habe und nun dennoch gegen Zürich stehe (in Str. 7).

6) Dass Nr. 79 kurz nach dem Ende des Winters 1442 auf 1443 entstand, Nr. 80 sehr bald darauf, aber noch vor dem 22. Juli 1443 (dem Schlachttage an der Sihl) gesungen wurde, hat gegen Andere Liliencron: Bd. I. p. 383 Anm. unzweifelhaft nachgewiesen.

7) Statt „enschlossen" setze ich mit der Erläuterung zu 11, 6 (l. c. p. 391) „enflossen" in den Text.

8) „(en disem nüewen jare", in Nr. 80: „In disem nüewen jare". Gegen die Anschuldigung, dass „unsere heerzeichen vorna anders denn hinden in nöten gemachet" worden seien, erhob eine Tagsatzung im Juni 1444 zu Luzern lauten Widerspruch (Segesser: Eidgen. Absch. Bd. II. p. 178).

9) Dass „die von Basell auch inn allen thrüwen die Eydgnossen zu Sanct Jakob in gewycht erdtrich vergraben liessend", sagt z. B. der wohl unterrichtete Schodoler in seinem von Dr. Fochter im Basler Taschenbuch von 1864 abgedruckten Schlachtberichte (l. c. p. 152).

10) Gegen Mossmann: La guerre des six deniers, hatte ich im Jahrbuch f. d. Litt. d. Schweizergesch. f. 1867: p. 238 Anm. bemerkt, dass dieses Bündniss nach Segesser: Abschiede, Bd. II. pp. 354 u. 355 (Art. 12.) nur auf fünf, nicht auf vingt-cinq Jahre sich erstreckt habe. Dr. Reuss entgegnete mir in der Rev. crit. d'hist. et de littér. 1869, p. 62, dass nach Mossmann's Bericht das Original im Mühlhauser Archive wirklich auf 25 Jahre laute.

11) Um zu zeigen, wie sehr die Lieder durch ihre Modernisirung verloren, stehe hier die Rochholz'sche Uebersetzung dieser drastischen Stelle (Lieder-Chronik: p. 93): „Schon nahen sie vom Lande Saanen, an welchen ungesottnen Hahnen die Feindeszähne werden zahnen".

12) Nach einigen Anmerkungen zu Nr. 129 in Bd. II. p. 24 scheint Liliencron anzunehmen, der Dichter, Rudolf Montigel, sei ein Schweizer. Vielmehr ist derselbe wohl sicherlich, wie mir das Lied zu verrathen scheint, ein österreichischer Unterthan gewesen, der sich über die Sinnesänderung seines Fürsten freute.

13) Ueber dieselben liegt in Segesser's Beiträgen zur Geschichte des Stanser-Verkommnisses (in den Geschichtsblättern aus der Schweiz: Bd. I. Luzern 1854) eine der vorzüglichsten Monographien auf dem Gebiete schweizerischer Geschichte vor.

14) Die neueste und beste Darstellung dieser Verhältnisse gab Traugott Probst: Die Beziehungen der schweizerischen Eidgenossenschaft zum deutschen Reiche 1486—1499, im Archiv f. schweiz. Gesch. Bd. XV. (1866).

15) Ueber den Kampfplatz an der Calven (statt der unrichtigen Localität: auf der Malserhaide) vgl. A. von Flugi's Abhandlung im Archiv f. schweiz. Gesch. Bd. XVI. (1868).

16) Dass die Schreibweise „Schwaderloh", noch besser „Schwaderloo", die richtige, „Schwaderloch" falsch sei (Loo = Wald, Gehölze), zeigte schon 1837 Pupikofer im Gem. d. K. Thurgau: p. 327. Dass von keinem „Loohe" die Rede sein kann, weist ein einziger Blick auf die Landkarte: das Dörfchen liegt auf einer Anhöhe, nicht in einer Vertiefung. Auf Erdwerke in dieser Gegend, die von 1499 stammen, machte Dr. F. Keller in den Berichten d. Antiquar. Ges. in Zürich, 1868, pp. 34—36, aufmerksam.

17) In seiner Anmerkung zu Nr. 209 Str. 10 irrt Liliencron (Bd. II. p. 419), wenn er die Worte „drüe hundert vom zuosatz" auf die vom Schwaderloo einen Ausfall Machenden bezieht; es ist die Besatzung von Ermatingen gemeint, neben welcher noch 73 geborene Ermatinger erschlagen worden seien.

18) Liliencron will (Bd. II. p. 426) zu Nr. 210 Str. 43 den „Peter Meiler", der sich in einer Zusatzstrophe von Text B. nennt, mit dem Peter Müller von Nr. 201 schlechthin identificiren, wofür allerdings besonders auch die Erwähnung Appenzell's an beiden Orten sprechen möchte; doch scheinen

uns die ungleiche Namensform, sowie die Erwähnung des Sitzens bei Luzern (in Nr. 210) genügende Gegengründe.

19) Hievon einige wenige Beispiele. — In der nur ganz beiläufigen Erwähnung Rudolf's von Erlach im 1536 umgearbeiteten Laupenlied (Nr. 13), der darin durchaus keine grosse Rolle spielt (es heisst nur Str. 13: „Der Bärner houptman einer was von Erlach, ruoft lut" etc.), sehen wir neben dem so sehr ins Gewicht fallenden, nach unserer Ansicht jeden Rettungsversuch äusserst erschwerenden Schweigen der Zeitgenossen (Narratio confl. Laup., Cron. de Berno, Vitoduran, Heinr. v. Diessenhofen) ein Hauptargument gegen die vulgäre Darstellung der Laupenschlacht. Nur aus dem Irniserlied des Hans Viol (Nr. 154) z. B. wissen wir von dem durch die Mailänder auf dem Wege von Bellinzona nach Giornico angerichteten Schaden, vom ehrenvollen Antheile der Liviner, von den 28 gefangenen mailändischen Edeln, einige Notizen über die Beute; mit grossem Misstrauen wird man hier, wie in allen diesen Liedern, die Angabe über den eigenen Verlust aufzunehmen haben: „der fromen eidgnossen knecht bloib keiner tot im velde". Ueberhaupt mangelt es in solchen Liedern nicht an Verstössen, die sich leicht berichtigen lassen. So klingt es in Veit Weber's Lied von der ewigen Richtung (Nr. 130) komisch, wenn er in Str. 4 sagt, Herzog Sigmund habe nach dem Waldshuterkriege Theile seiner oberrheinischen Lande desshalb an Karl von Burgund verpfändet, um die ungehorsamen Edelleute zahm zu machen, was dann Hagenbach wohl besorgt habe, während doch dieser Schritt durch die pure Geldnoth Sigmund's verursacht worden war; ebenso ist die oben p. 41 eingerückte Stelle vom Uristier eines Fragezeichens werth, wenn man erwägt, wie sehr u. a. auch Uri sich gegen Freiburg's Aufnahme in den Bund wehrte. Aehnlich stellt das Thurgauerlied von 1460 (Nr. 111) den Anlass zur Eroberung des Landes gänzlichst verkehrt dar, als wären die Eidgenossen um Sigmund's wegen in Bann gekommen, während im Gegentheil Papst Pius II. dieselben gegen den Herzog mit kirchlichen Mitteln ansporte (vgl. meinen Vortrag über Cusanus: Ber. d. Antiqu. Ges., l. c., p. 62).

20) Die in dem Texte gegebene Stelle dürfte in ihrer unbestimmten Fassung am meisten dem Resultate der kritischen Untersuchungen über diesen Punct entsprechen. Denn Liliencron, dessen Erörterungen zu diesen Liedern (Nr. 32—34: Bd. I., pp. 109—145) wohl zu den glänzendsten Perioden des kritischen Theiles seiner Arbeit zählen, hat, wie wir glauben, ganz berechtigtermassen das durch Lütolf in dessen sonst so trefflicher Abhandlung (l. c. p. 202) mit etwas zu grosser Bestimmtheit gegebene, durch G. von Wyss (Ueber eine Zürcher Chronik etc: pp. 28 u. 34) adoptirte Resultat wieder in Frage gezogen (Excurs: p. 140), ob wirklich der jüngere Halbsuter (1435—1470) derjenige sei, welcher die Liedercompilation machte. — Gegen die Winkelriedepisode überhaupt ist und bleibt aber wohl das Hauptargument das gänzliche Stillschweigen des gleichzeitigen Eintrages in das Luzerner Bürgerbuch unter 1386 (von Schneller mitgetheilt auf p. 156 des Bd. XXII. vom Geschichtsfreund); auch ist gewiss nicht zu übersehen, was schon Lütolf: l. c. p. 203 andeutete, dass die unter dem Namen Halbsuter gehende Compi-

lation mit den Winkelried in den Mund gelegten Worten: „Wend ir gniessen lon min fromme kind und frouwen" und „Des wellind ir min gschlechte in ewig geniessen lan" zeitlich zusammentrifft mit der Sorge der Luzerner Regierung für die Hinterbliebenen von solchen, welche im Kriege fielen (Statut von 1476 im Bürgerbuche: abgedruckt l. c. pp. 159–161). Dass, als Melchior Russ 1482 seine Chronik begann, die Halbsuter'sche Compilation entweder noch gar nicht vorhanden, oder doch ganz neu war, deutete schon Lütolf (l. c. p. 194) an und führte Liliencron (pp. 118, 123 u. 145) durch. Russ sagt von dem durch ihn mitgetheilten Liede (hier Nr. 33): „Diss ist dz lied so nach der S...npacherschlacht gesungen wardt" (Schweiz. Geschichtforscher: Bd. X. p. 197) und schliesst so definitiv die jüngere Compilation von Halbsuter von dem Anspruch auf Entstehung unmittelbar nach der Schlacht aus.

21) Dass das Lied vom Apfelschuss in Luzern entstanden sei, ist eine gänzlich zutreffende Hypothese Vischer's (Sage v.: d. Befreiung d. Waldst. p. 53). Etwas gewagt ist dagegen die Annahme Rilliet's (Les orig. de la Conféd. Suisse: 2. Aufl. p. 385), dass Hans Wick vielleicht der Dichter des Liedes gewesen sei (über ihn siehe oben im Texte: p. 32).

22) Wie Lütolf (l. c. p. 187) dazu kömmt, dem Viol auch ein Lied von der Grandsonerschlacht (wohl Nr. 138) zuzuschreiben, kann ich nicht erkennen. Es heisst in Nr. 138 nur allgemein: „tuot einer von Luzern singen".

23) Ganz richtig macht Liliencron zu Nr. 207 in einer Note (p. 412) gegen von Diessbach (Der Schwabenkrieg besungen von einem Zeitgenossen u. s. f.: Zürich: Vorrede p. 2) geltend, dass Lenz jedenfalls stets zu Freiburg lebte (vgl. was er über seine Beziehungen als Lehrer zu jungen Freiburgern sagt: pp. 85 u. 96) und dass, wenn er bemerkt, er wohne „zuo Sana in dem land", darunter nicht Saanen, sondern die Stadt, das Land am Saanefluss zu verstehen sei. Die Stelle, in der sich Lenz als der „bruoder Hans im finsteren tan" zu erkennen gibt, steht p. 148 (auf Nr. 207 bezüglich). Von Geburt war Lenz ein Schwabe (p. 102); doch wurde er in Freiburg in ähnlicher Weise heimisch, wie Mathis Zoller sich infolge der Burgunderkämpfe in Bern scheint angesiedelt zu haben (vgl. unten n. 25).

24) Dass Theiling bei Giornico wohl sehr namhaft betheiligt, nicht aber Oberanführer war, wie meist angenommen wird, zeigte ich im Anzeiger f. schweiz. Gesch. u. Alterth. Kde. 1868: p. 144 Anm. Ueber den principiellen Gegensatz Waldmann's und Theiling's handelte Segesser auf p. 55 ff. der Schrift: Die Beziehungen der Schweizer zu Mathias Corvinus (Luzern 1860).

25) Dass Nr. 146, wo zwar Zoller sich nicht nennt, wo vielmehr steht: „Er sizt zuo Bern im öchtland", dennoch von Zoller ist, darf wohl mit Liliencron (p. 109), abgesehen von W. Steiner's Zeugniss, schon aus der „stachelin stangen" von Nr. 136 geschlossen werden.

26) Das lässt sich ohne Zweifel der ersten Strophe entnehmen, wo Weber, wie Liliencron in der Note (Bd. II. p. 69) sehr zutreffend annimmt, als von verschiedenen Städten angestellten Sänger sich bezeichnet.

27) Wie wichtig derartige Angaben der Volkslieder für die Geschichte mehrerer schweizerischer Siegel sind, lehrt die Lectüre von Dr. Stantz: Wappen d. schweiz. Eidgenossensch. u. ihrer XXII Kantone (im Archiv d. hist. Ver. d. K. Bern, Bd. VI).

28) Dieses Bild vom Bären und seiner Höhle zeigt noch ein Volkslied des 19. Jahrh., von den nach Napoleon's Sturz bedrohten Vaudois gesungen, als Bern Wiedervereinigungsgelüste zeigte: Faisons éclater le tonerre, aux yeux de l'ours épouvanté; qu'il tremble au fond de sa caverne (Arch. d. hist. Ver. d. K. Bern: Bd. VII. p. 216).

29) Vgl. hiezu das interessante Schriftchen M. von Stürler's: Die Volksanfragen im alten Bern, 1869 (Sep. Abdr. aus d. Arch. d. Berner hist. Ver. Bd. VII: 2. Heft).

30) Es geschah diess wohl um so mehr, als nach des Luzerner Diobold Schilling's Bericht (Ausg. pp. 102 u. 103) die Eidgenossen in Giornico am 28. December gerne unbeunruhigt geblieben wären: „Ich han von alten lüten jewelten gehört, das uff der kindlinen tag nit glücklich syg, krieglich oder ander gross sachen, dz bluotvergiessen mag bringen, an zefahen oder für zenämen. Daran die fromen knächt zuo Girnis gedachtend und gern ruow hättend gehept".

31) Letztere sehr ansprechende Vermuthung äussert und erörtert Tobler: l. c. p. 322.

32) Auf dem gleichzeitigen Holzschnitte, den Professor W. Vischer jun. in Basel seinem Neujahrsblatte f. Basel's Jug. 1865 beigab, ist u. a. auch die Scene dargestellt, wie der Heini Ran von Zürich dem Arbogast von Kageneck dieses Panner entreisst. Der (von Lilienoron übersehene) Spruch in der Argovia sagt: „Heinrich Ran hat's gan Zürich tragen" (l. c. p. 120).

Von den fünf hier folgenden Liedern bezieht sich das **erste auf den Sieg, der durch den König Pippin 796 über die Avaren erfochten wurde**. Dieses türkisch-finnische Mischvolk hatte seit der Mitte des 6. Jahrhunderts die Ebenen von der Enns und der Ostabdachung der Alpen östlich bis über die Theiss hinaus in Besitz genommen. Schon vom Anfang des 7. Jahrhunderts an war die Macht dieses rohen unbändigen Reitervolkes, welches von Krieg und Plünderung lebte, durch die unterworfenen Slaven das Land bestellen liess, im Sinken begriffen; allein erst Karl dem Grossen war es vorbehalten, diese Räuberhorden gänzlich zu vernichten. 791 erfolgte der erste Kriegszug durch Karl selbst mit zwei Heeren, wovon eines durch seinen zweiten Sohn, Pippin, König von Italien, gelenkt wurde; den entscheidenden Schlag vollführte aber im Winter von 795 auf 796 Markgraf Erich von Friaul und im Sommer 796 beendigte König Pippin, nun ein Jüngling von achtzehn Jahren, die Eroberung. Die Hauptarbeit war damit abgeschlossen: nach dem ersten Viertel des 9. Jahrhunderts treten die Avaren in den Schatten tributpflichtiger Knechte zurück, und nachher verschwinden sie gänzlich aus der Geschichte, so dass sie in Russland sprichwörtlich geworden sind: „Untergehen, wie ein Avare: kein Vetter, kein Erbe mehr vorhanden". — Diesen Sieg besang ein Mönch, an die Völker des Frankenreiches sich wendend. Seine Prophezeihung für Pippin blieb unerfüllt; denn derselbe starb vier Jahre vor dem Vater, vierzehn nach dem hier verherrlichten Siege.

Das **zweite Lied beklagt den Tod des Markgrafen Erich von Friaul (799)**, des soeben genannten Avarenbesiegers. Seit 788 Markgraf von Friaul, konnte Erich vielfach seine kriegerische Kraft und Tüchtigkeit gegen die unsicheren östlichen Reichsnachbaren erproben. Am Nordostufer des adriatischen Meeres standen die slavischen Bewohner Liburnien's und Dalmatien's, die Kroaten, unter byzantinischer Hoheit, und die durch Erich dort geführten Kämpfe sind als ein Theil des Conflictes zwischen Karl und Irene anzusehen. Istrien war durch die fränkischen Waffen gewonnen; 797 stritt Erich glücklich in diesen Gegenden; 799 aber erlag er, als er das Bergnest Tersatto bei Fiume, wohl das einen steilen Hügel bekrönende Schloss, belagerte, den tödtlichen Wunden, welche kroatische Pfeile und aus kroatischen Schleudern geflogene Steine ihm geschlagen hatten. — Dem lauten Jammer, der sich ob diesem Unglücksfalle erhob, gab ein geistlicher Freund des Getödteten, Paulinus, der Patriarch von Aquileja, in Jamben Ausdruck, in einer Form allerdings*),

---

*) Z. B. barbára, paupérum, vivímus; die Satzconstruction von Str. 10, v. 3—5: Lanceæ summo retunso nam jaculo, sagittis fossum fundis saxa fortia corpus injecta contrivisse dicitur.

welche daran erinnert, dass wir denjenigen Nacheiferer classischer Formen als Dichter vor uns haben, der einmal einem Freunde warnend schrieb, derselbe solle bei der Lectüre seiner Verse sich nicht vom Schrecken über vorkommende Formfehler erfassen lassen, sondern wie ein Mann zu diesem Behufe seine Lenden gürten.

Das folgende dritte Stück, das Klagelied auf Karl's des Grossen Tod (814), bedarf keiner einleitenden Worte.

Das vierte, Angelbert's Weheruf über die Schlacht von Fontanetum (25. Mai 841), führt uns in die vorbereitenden Ereignisse der Verduner Reichstheilung. Als 840 der klägliche Ludwig der Fromme gestorben war, hatte seine herrschsüchtige und weltkluge Gemahlin, die geistig den Kaiser weit überragende Welfin Judith, am Ziele ihrer Wünsche zu stehen geglaubt. Durch langjährige Intriguen und Experimente schien für ihren geliebten Karl, den einzigen Sohn des Kaisers aus dieser zweiten Ehe, ein stattliches Erbtheil gesichert, der älteste Stiefsohn, Lothar, für ihre Pläne gewonnen zu sein. Aber gleich nach Ludwig's Tode brach Lothar alle Versprechungen, betonte entschiedener als je das Princip der Untheilbarkeit des Reiches, der strengen Abhängigkeit der etwa mit gewissen Districten ausgestatteten jüngeren Prinzen von ihm als dem Vertreter der Einheit und dem Inhaber der Kaiserkrone. So wurde Karl nothwendig dazu gedrängt, mit dem jüngeren seiner beiden noch lebenden Stiefbrüder — Pippin war 838 gestorben —, mit dem bairischen Ludwig, gegen den älteren sich zu verbinden, während nach dem Programm der Kaiserin durch den schwachsinnigen alten Ludwig noch in dessen letzten Lebetagen der ihm gleichnamige Sohn, der einzige des karolingischen Namens würdige lebende Repräsentant des Geschlechtes, als unverbesserlicher Aufrührer hatte enterbt werden müssen. Ludwig von Baiern aber hatte sich nicht erschrecken lassen und vertheidigte sein gutes Recht nun gegen die übermässigen Ansprüche des Bruders, wie vorher gegen den durch die Stiefmutter gelenkten kindischen Vater. Am 13. Mai 841 schlug er im Ries den Heerführer Lothar's, Adalbert; dann eilte er nach dem Westen, vereinigte sich bei Chalons an der Marne mit Karl. Die Alliirten wiesen trügerische Friedensanerbietungen Lothar's ab, und so kam es am 25. Juni bei Fontenay en Puisaye, unweit Auxerre, zu der grossartigen Entscheidungsschlacht, durch welche die Frage über das Schicksal des Reiches im Sinne der Theilung beantwortet wurde. — Die verzweifelte Stimmung eines Lotharianer's, der den Bankerott seiner Sache mit angesehen, spiegelt sich in unserem düster gefärbten, tief ergreifenden Liede.

Dass aber Karl in seinem durch die Verduner Theilung ihm zugefallenen westfränkischen Reichstheile auch nach 843 noch keineswegs eine gesicherte Herrschaft hatte, zeigt das fünfte Lied, das vom Tode des Abtes Hugo (844) handelt. Durch die das Reich im August 843 zu gleichen Theilen zertrennenden Söhne Ludwig's des Frommen waren die Ansprüche eines Enkels desselben, ihres Neffen Pippin, des älteren Sohnes des 838 verstorbenen Pippin von Aquitanien, nicht berücksichtigt worden. Doch Pippin dachte nicht daran, sich seinem ihm so ziemlich gleichalterigen Stiefoheime Karl zu fügen; vielmehr machte er sich die Antipathien einer nationalen aquitanischen Partei gegen den aufgedrungenen Herrscher zu Nutzen, um dadurch seine persönlichen Pläne durchzuführen. Im Frühjahr 844 weigerte Toulouse, die mächtigste Stadt Aquitanien's, Karl den Gehorsam, und die Belagerung wollte keineswegs von Statten gehen. Ja, dieselbe hatte einen schweren Unfall für Karl's Sache zur Folge. Als von mehreren seiner Getreuen Verstärkungen zu den Belagerungstruppen geführt wurden, überfiel eine aquitanische Schaar, Pippin an ihrer Spitze, am 14. Juni diesen Zug bei Lavaur, im Momente, wo derselbe den Agout, einen linken Zufluss des Tarn, überschreiten wollte. Nach einem kurzen Widerstandsversuche folgten wilde Flucht und ein arges Gemetzel. Unter den Getödteten war, für Karl ein grosser Verlust, einer seiner hauptsächlichsten Anhänger, Hugo, ein natürlicher Sohn Karl's des Grossen. Erst durch achtzehn Jahre ein unerschütterlicher Anhänger Ludwig's des Frommen, dann nach kurzer Schwankung zu Lothar seit dem September 841 nicht minder treu zu Karl stehend, war Hugo als Abt von wichtigen Klöstern, wie St. Quentin, St. Omer, Lobbes, für den jungen König eine gewichtige Persönlichkeit gewesen. — Dieser Tod Hugo's, nicht Pippin's Sieg, ist durch einen Ungenannten, wohl durch einen aquitanischen Mönch, besungen worden. Obschon Anhänger Pippin's, war der Dichter ein warmer Freund und Verehrer Hugo's.

I.

1) Land und Quell, Gebirg' und Bäche
und des Menschenlebens Grund
sind aus Dir, Du Sohn des Gottes:
Christus schuf das Völkerheer.
Christus liess Euch jüngst vom Boden
tilgen das Avarenreich.

2) Viel hat der Avar' gefrevelt
von uralten Zeiten her:
Kirchen sind durch ihn gesunken;
Klöster fielen seiner Wuth;
heil'ge Schätze, Weihgefässe
reizten seine Beutegier.

3) Heiliges Gewand, gerissen
vom ehrwürdigsten Altar,
Priesterkleider, Nonnenschleier:
Alles traf Besudelung;
denn vom bösen Geist getrieben,
trug sie das Avarenweib. —

4) Gottgesandt entstieg dem Himmel
Petrus, der Apostelfürst,
und Pippin trat er zur Seite,
wies den Weg dem Frankenheer.
Denn dem Sohn des grossen Königs
ziemt in Schlachten solcher Schirm.

5) Gottes Schwert ist ihm gegürtet:
rechten Glaubens hoher Lohn;
wohl bewahret steht sein Lager
an der Donau falber Fluſ;
ringsum ist der Feind im Garne:
— überall droht ihm Pippin!

6) Da packt Schrecken die Avaren
und im Volke wird es laut.
Zu dem Cacan braust das Rufen
und — Fluch ihm! — zu seinem Weib.
Ohne Scheu erschallet weithin:
„Cacan, Catuna! zum Tod!

7) Eure Herrschaft ist zu Ende!
Nah' droht Euch der Untergang!
Eure weit gedehnten Reiche
sind der Christen Beute schon,
durch die Hand Pippin's zertrümmert,
dieses frommen Königsohns!

8) Denn es naht Pippin der König;
grosse Heermacht kömmt mit ihm.
Dein Gebiet wird er gewinnen;
Plünd'rung wartet Deines Volks.
Frankenwaffen werden klirren
in Gebirg' und Wald fortan.

9) Auf! Erheb' Dich! Ihm entgegen!
Reiche Gaben nimm mit Dir!
Beuge Dich des Franken Scepter;
Gold und Kleinod reich' ihm dar,
dass er Dir das Leben fristet
und der Tod Dein Haupt verschont!"

10) Zitternd hat er es vernommen:
angstvoll steigt er auf sein Thier.
Alsbald reiten vor beim König
die Tarcane, der Cacan.
Flehentlich wirft er sich nieder
und Geschenke beut er dar.

11) „Sei gegrüsst, mein Fürst und König!
    Unser Herrscher sei fortan:
    Dir entsag' ich meinem Reiche
    feierlich mit Halm und Blatt.
    Dein sei Wald und Berg und Hügel;
    Dein sei Alles, was da grünt.

12) Uns're Kinder führe mit Dir;
    in Gehorsam sei'n sie Dein!
    Flüchtig sind des Volkes Häupter:
    schonungslos vernichte sie!
    Uns're Nacken, uns're Kinder
    geben wir in Deine Macht".

13) Sprach's. — Und wir, die frommen Christen,
    sagen uns'rem Gotte Dank,
    der des Königs Reich beschützet
    und das hunische besiegt,
    der den Sieg uns zugewendet
    über wildes Heidenvolk.

14) Leben soll Pippin, der König,
    leben in der Furcht des Herrn!
    Noch als Greis soll er gebieten;
    Söhne sollen ihm erblüh'n,
    die, er lebe oder sterbe,
    seinen Pfalzen Schirmer sind.

15) Denn er hat das Reich geschlossen:
    weit und machtvoll steht es da.
    Grösser war kein Reich auf Erden
    von dem Schöpfungstag bis heut'.
    Gottes Huld, die wir geniessen:
    Cäsar, Rom entbehrten sie.

16) Gott den Vater preis' ich ewig,
    preise mit ihm seinen Sohn.

II.

1) Timavo, neunfach starker Fluss, stimm' ein mit mir;
o wein't mit mir, Ihr Quellen neun, an Wasser reich,
die schlürfend trinkt des jon'schen Meeres Salzesflut:
Ihr: Ister, Saus, Tissa, Culpa, Marva, klag't,
Natissa, Corca; weine, Strudel des Isont'!

2) Ja, trauert laut um Herich's süss Gedächtniss mir:
Sirmium und Pola, Du Gelände von Aglei,
Du jul'sches Forum, und Ihr, Strassen von Cormon',
Osopus' Felsen und der Cenetenser Joch;
Ihr, Albenganergrund, Astenserboden, wein't!

3) Bleib' nicht zurück, Du reiche Stadt Argentea —
als Deinen Sohn bekannte Herich sich so gern —
ja trau're laut und gib der Klage freien Lauf!
Aus hohem Stamm und edelm Blut war er erzeugt
und würdig hiess er Glied von Deiner Bürgerschaft.

4) Barbarenzunge taufte Dich in Strassburg um;
allein den hehren Namen, den man einst Dir nahm,
Du hast ihn wieder, honigsüss, von mir geschenkt,
dem holden Freund zu Liebe, der die Muttermilch
in Dir genoss am heim'schen Uferrand der Ill. —

5) Als reichen Spender ehrten ihn die Kirchen hoch.
Der Armen Vater und der tief Gebeugten Schutz,
der Wittwe höchster Trost zu sein war seine Lust.
Wie milde war und gütig er der Priesterschaft!
In Waffen stark und fein von Geist: so stand er da.

6) Barbarenschaaren, wilde Völker schuf er zahm:
die Drau ihr Gürtel und die Donau Schutz dem Land;
auch der Mäotis Binsenufer bargen sie.
Des Pontus Salzflut reichte bis an ihr Gebiet;
Dalmatia's Berge waren ihnen nachbarlich. —

7) Ihr, Thürme Strido's, Urbeginn des Grenzenwalls,
der Skythia's Enden, Thrakia's Marken ewig trennt,
im Reich der Winde herrisch die Gebiete zäunt,
dem Auster jenes, dieses gibt dem Boreas,
und der sich dehnet bis zum Thor der Caspier;

8) Liburn'sches Ufer, wo die Meereswell' sich bricht,
Du Berg Laurentus in des Feindes Landgebiet:
Euch bleibe fern erquickungsreiches Regennass
und Eurem Grund entkeime nie die Blüte roth;
nie soll der Boden Aehren bringen weizenschwer!

9) Nie klamm're Eurer Ulme sich die Rebe an;
nie reife an den Ranken Euch die Traube süss;
nur Laub, nie Früchte bringe Euch der Feigenbaum;
bei Euch versage Beeren mild und roth der Strauch
und immer hafte an der Nuss das Stachelkleid!

10) Auf Eurem Boden fiel der Held im wilden Kampf:
ihm brach der Schild; mit Blut bedeckte sich der Speer;
gestumpfet ward auf seiner Brust des Feinds Geschoss;
der Pfeile Wucht, der Schleudern Steine trafen ihn:
so sank er hin, am ganzen Leibe todeswund.

11) Weh' mir, welch' harte, welche düst're Trauermähr
hat grell geklungen thränenwerth an jenem Tag!
Durch alle Strassen drang erschütternd laut der Ruf,
die Augen nässend: — weh', uns Allen wurde kund,
welch' Opfer durch den wilden Feind der Tod gefällt!

12) Und Mütter, Gatten, Knaben, zarte Mägdelein,
wie Herr, so Knecht, die zwei Geschlechter ungetrennt,
die schwache Jugend und der Priester hohe Schaar:
sie schlugen Alle mit der Faust sich an die Brust;
zerrauften Haares klagten sie mit Wehgeschrei.

13) O ew'ger Gott, der Du vom Staub der Erde schufst
die ersten Eltern als Dein eigen Ebenbild —
auf ihren Fall der Tod uns Allen sicher steht —:
Du hast zur Rettung uns gesandt den lieben Sohn,
und wunderbar kam neues Leben uns durch ihn!

14) Durch Christi Blut, wie Purpur roth, uns Lösegeld,
durch Christi schweren Opfertod, der uns gesühnt,
gib, Herr — erhöre mich! — dem Herich, Deinem Knecht,
des Paradieses honigsüsse Himmelslust
jetzt und inskünftig durch die ganze Ewigkeit!

III.

1) Von Sonnenaufgang bis zum Mitternachtsgestad'
schlägt rings am Meer die Klage an des Menschen Brust.
   Wehe uns Jammernden!

2) Und über Meereswogen schwamm die Traurigkeit:
auch drüben ist von tiefstem Schmerz der Sinn erfüllt.
   Wehe uns Jammernden!

3) Frank' und Romane und die ganze Christenheit
sind tief in Gram; von Elend sind sie arg bedrückt!
   Wehe uns Jammernden!

4) Der Kaiser todt: so weint das Kind, so klagt der Greis.
Die Greisin ruft's: es stimmt mit ein des Landes Haupt.
   Wehe uns Jammernden!

5) Ja, fliesse unaufhaltsam reich, Du Thränenflut:
es klagt der Erdkreis um den Tod des Herrschers Karl.
   Wehe uns Jammernden!

6) Du, aller Waisen treuer Vater, höre uns,
des Pilgers Schutz, der Wittwe Halt, der Jungfrau Schirm —
   Wehe uns Jammernden!

7) Du Christus, aller Himmelsstreiter Heeresfürst:
in Deinem Reiche finde Karl die ew'ge Ruh!
   Wehe uns Jammernden!

8) Die ew'ge Ruh', so gläub'ge Christen fromm erfleh'n:
des Greisen Ziel, der Wittwe Trost, Gebet der Maid.
   Wehe uns Jammernden!

9) Schon nennt den Kaiser, den durchlauchtig hohen Karl,
die Inschrift auf dem Grabeshügel, der ihn birgt:
   Wehe uns Jammernden!

10) O heil'ger Geist, Du alle Welten Lenkender,
zur ew'gen Ruh' erhöhe Du die Seele Karl's!
   Wehe uns Jammernden!

11) Weh' Dir, o Rom, dem ganzen Römervolke Weh':
verloren ist Dir Karl, an Ruhm und Ehre reich!
   Wehe uns Jammernden!

12) Weh' Dir, Italia, schönes Land, nun ohne Schutz,
und Weh' dem reichen Städtekranz, der Dich verziert!
   Wehe uns Jammernden!

13) Wie schwere Unbill traf Dich schon, mein Frankenreich:
doch solchen Schmerz erlittest Du zum ersten Mal, —
Wehe uns Jammernden!

14) Als man zu Aachen wiedergab dem Erdengrab
den Erdenleib des hohen und beredten Karl.
Weh' uns tief Gebeugten!

15) Nur grause Träume trug für mich die Nacht daher
und ohne Lichtglanz brach der helle Tag mir an —
Weh' uns tief Gebeugten!

16) Der Tag, wo allen Erdenrundes Christenvolk
im Tod verlor den hoch ehrwürd'gen Fürsten Karl.
Weh' uns tief Gebeugten!

17) O Columban, gebiete Deinen Thränen Halt!
Zu Gott entsende Bitten für den todten Karl!
Weh' uns tief Gebeugten!

18) Du aller Waisen güt'ger Vater, leih' Dein Ohr,
der Pilger, Wittwen, Jungfrau'n Vater, hör' uns an —
Weh' uns tief Gebeugten!

19) — Nacht, kehr' nicht wieder: schlummerlos vergingst Du mir,
und dunkel, glanzlos war für mich der Sterne Chor —
Weh' uns tief Gebeugten!

20) Du Allerbarmer, Vater Aller, unser Herr,
den schönsten Platz im Himmel schenke Karl bei Dir!
Weh' uns tief Gebeugten!

21) O Gott, Du alle Erdenkrieger Lenkender,
Du Herr der Himmel, auch der Höll' Gewaltiger —
Weh' uns tief Gebeugten!

22) Im Himmel thronend, hoch ob der Apostel Schaar,
nimm, Christus, gütig auf bei Dir den frommen Karl!
Weh' uns tief Gebeugten!

IV.

1) Roth begann der frühe Morgen;
er durchschnitt die schwarze Nacht.
Doch der Tag ward nicht zum Sabbath:
heidnisch wüstes Thun begann. —
Ob dem Bruch der Brudereintracht
gottlos jauchzt des Bösen Macht.

2) Kriegsruf schallet: hier und dorther
steigt empor die schwere Schlacht.
Brüdern droht der Tod von Brüdern,
Tod dem Schwestersohn vom Ohm.
Vater, hoffe nicht vom Sohne,
was die Kindespflicht befiehlt!

3) Niemals war ein grauser' Morden:
nie war Mavors' Feld so roth.
Niemals schlugen so sich Christen;
nie floss so viel Christenblut.
Sieh', der Hölle finst're Schaaren
schlürften Blut mit Kehlenlust.

4) Erst beschirmte Gottes Rechte
übermächtig den Lothar;
Sieg entströmte seiner Faustkraft
und er rang in Manneskraft:
Eintracht wäre bald gewesen,
hätten Alle so gekämpft.

5) Aber, sieh', wie den Erlöser
einstmals Judas übergab:
also gaben Dich dem Schwerte
Deine Führer, König, preis!
Wolfeslisten droh'n dem Lamme:
halte offen Aug', Lothar! —

6) Fontanetum nennt die Quelle,
nennt den Hof des Bauern Mund,
wo dem edeln Blut der Franken
grauser Tod beschieden war.
Felder starren, Wälder starren:
blutroth starren Bruch und Moor.

7) Thau und Regen, jede Feuchte
bleibe ferne jener Trift,
wo so viele Tapf're fielen,
in der Schlacht die Tüchtigsten:
immer wird man sie beklagen,
dass sie traf des Todes Hand. —

8) Diesen Frevel, hier vollführet,
jetzt geschildert versgerecht:
ich selbst sah ihn, Angelbertus,
einer aus der Streiter Schaar. —
Ich, allein von Vielen übrig,
blieb am Quell in erster Reih'.

9) In das Thal sah ich zurück noch
tief und nach des Berges Höh',
wo der tapf're König Lothar
seine Feinde weithin trieb:
siegreich jagte er sie flüchtlings
zu des Baches Uferrand.

10) Doch, wo Ludwig's Heer gestanden,
und am Platz der Schaar des Karl
waren weiss die Felder weithin
von der Todten Leingewand:
wie im Herbste wohl Gefilde
weiss sind durch der Vögel Flug. —

11) Nie sei diese Schlacht gepriesen;
nie besinge sie ein Lied.
Nein im Osten, Süden, Westen
und wo schaurig weht der Nord,
wird man weinen ob den Kämpfern,
die hier traf des Todes Hand.

12) Ewig sei der Tag verfluchet;
nicht sei er im Jahr gezählt;
ausgetilgt sei dem Gedächtniss
Aller er auf alle Zeit.
Sonnenlos soll er vergehen,
ohne Morgenroth ersteh'n.

13) O Du Nacht, Du Nacht des Jammers,
allzu harte, bitt're Nacht,
wo die Tapfern blutend sanken,
in der Schlacht die Tüchtigsten.
Vater, Mutter, Schwester, Bruder,
Freunde haben sie beweint.

V.

1) Hug', süssen Namens, edler Sprosse hohen Stamms,
des grossen Karl's Sohn, hoch erhab'nen Herrschers Kind:
im Kampfe schuldlos sank'st in Wunden Du dahin
    plötzlichen Todes.

2) Was rief zu Karl Dich? Welche Pflicht war Dir Gebot?
War Karl Dir König, da ihn Ludwig einst erhöht,
der Sohn vom Kaiser war als König eingesetzt?
    Schien er Dir Lohnsherr?

3) Doch niemals darum waren Lanzen Dir gesetzt,
nie Deine Glieder der Misshandlung vorbestimmt?
Denn Segen bringen, allem Unrecht ferne sein
    war immer Lust Dir.

4) Pippin, der König, weinte bitter — klingt die Mähr' —
als er Dich todt sah, schmählich aller Hülle baar,
die nackte Leiche, liegend auf dem öden Feld
    mitten im Sande.

5) „O, säh' ich diesen unverwundet frisch ersteh'n:
fürwahr, mir gälten diesem Leben gleich an Werth
vom besten Golde der Talente hundert nicht":
    also der König.

6) Caroff, die Celle, deren Mönch Du Dich genannt,
von Dir erkoren für die stille Grabesruh':
wie Du es wolltest, hat sie den entseelten Leib
    würdig empfangen.

7) Wie rein erschienst Du, herrlich ragtest Du hervor
aus aller Menge, jeder Tugend Musterbild:
denn Segen stiften, keinem Bruder Unrecht thun,
    war Dir Erquickung.

8) Nicht Ein Verbrechen, keiner Frevelthat Verdacht
war jemals an Dir. Milde war Dein schönster Schmuck.
Denn Segen stiften, keinem Bruder Unrecht thun,
    war Dir Erquickung.

I.

Hiezu ist zu vergleichen, besonders auch über das Gedicht, Büdinger's österreichische Geschichte: Bd. I. pp. 130—137, 144, wo auch eine höchst anziehende Charakteristik der Avaren: p. 61 ff.

Zu 5) Die Uebersetzung gegeben nach der Ausgabe p. 35, n. 3 = albidum Danubium, nicht nach Büdinger: p. 144, n. 1 = Alpicum Danubium.

Zu 6) „Unguimeri natis pavens Avarorum genere" ist gegeben nach Büdinger: l. c.

Zu 6) u. 10) Khakan, Chatun, Tarchan, d. h. „Alleinherrscher", „Dame, Fürstin", "Grosser" sind den Namen türkisch-tatarischer Würden entsprechend. Khadūn und Tarchan sind im Türkischen und Mongolischen noch heute gebräuchlich (Büdinger: p. 67: n. 2).

Zu 11) cum festucis et foliis. „festuca" ist der geknotete, gegliederte Stengel des geschossten Kornes, und mit der Hand geworfen, gereicht, gegriffen war sie das Zeichen feierlicher Auflassung, Entsagung, Kündigung; daher die Formeln: „mit Hand und Halm", „mit Halm und Mund", hier „mit Halm und Blatt" (vgl. J. Grimm: Deutsche Rechtsalterthümer: p. 121 ff.).

II.

Hiezu sind zu vergleichen: Dümmler: Ueber die südöstlichen Marken des fränkischen Reiches: pp. 6 u. 7, Büdinger: l. c.: pp. 137 u. 138, 143 und Du Méril's Noten in seiner Ausgabe des Gedichtes: pp. 241—244.

Zu 1) Der Timavo ist ein kleiner in den nördlichsten Theil des triestinischen Meerbusens einmündender Fluss: die sogenannten neun Quellen flossen dem Paulin aus dem Virgil her (Aen. I, 244—246; Bucol. Ecl. VIII, 6). Die acht weiteren Flüsse sind: Donau, Save, Theiss, Kulpa (rechter Nebenfluss der Save), Maros (linker Nebenfluss der Theiss), also Pannonien und Dakien, dem heutigen Ungarn angehörig, der Natiso, ein linker Nebenfluss der östlich von Aquileja einmündenden Sdobba, die Gurk (rechter Nebenfluss der Save in Krain), der Isonzo, (ebenfalls ein linker Nebenfluss der Sdobba).

Zu 2) Bei Sirmium schwankt Du Méril zwischen der grossen pannonischen Stadt und der lombardischen Ortschaft dieses Namens (Sermione am Südufer des Gardasees). Pola ist der bekannte istrische Hafen, Aquileja der jetzt so verödete Flecken bei Triest, Forum Julii jetzt Cividale am Natiso im „Friaul". Cormons liegt in Istrien westlich von Görz, die Bergfestung Osoppo im Friaul östlich vom Tagliamento, Ceneda im Trevisanischen nördlich von Conegliano. Der astensische Boden gehört der piemontesischen Stadt am Tanaro, der albenganische der genuesischen an der Riviera südwestlich von Genua.

Zu 4) Die nicht auffindbare Quirnea wurde durch die ächt strassburgische Ill ersetzt.

Zu 6)—8) Paulin räumt den Feinden Herich's ein weites Gebiet ein: bis zur Drave, Donau, zum Asow'schen und zum schwarzen Meere, bis an die Grenze Dalmatien's. Strido (so liest Du Méril statt Strato: das palästinensische Cäsarea ist hier eine Unmöglichkeit) ist ein ungarischer Flecken an der Grenze Steiermark's südlich von der Mur: das Weitere von 7), die kaspischen Pforten im fernen Medien mit eingeschlossen, ist freilich wieder nichts weiter, als rhetorische Uebertreibung. In 8) ist mit n. 2 der Ausg. in der vita Einh. jedenfall „Liburnum" statt Libycum zu lesen. Und trefflich passt dazu der Vorschlag Du Méril's, bei Laurentus nicht an Latium, sondern an das Lauriana oder Lovran: zu denken, jetzt ein istrischer Hafen am Westufer des Quarnerobusens, eben am altliburnischen Gestade.

III.

Die Erwähnung Columban's in 17), vielleicht auch die Betonung Italien's in 12) scheinen auf Bobbio als Ursprungsort dieses Gedichtes zu verweisen, wie auch Wattenbach: p. 145 n. 2 annimmt.

IV.

Die Uebersetzung dieses Liedes ist, etwas verändert, meinem Buche: Ueber Nithard's vier Bücher Geschichten (Leipzig 1866) enthoben, wo ihr p. 189 und n. 15 u. 16 daselbst einige Erläuterungen beigefügt sind (besonders über das „Saturni dolium" in Strophe 1): vgl. auch Du Méril: p. 249 n. 3, dass in mehreren Gegenden Frankreich's ein sehr unglückliches Ereigniss als dem tonneau du diable entsprungen bezeichnet werde).

V.

Hiezu sind Wenck: Das fränkische Reich nach dem Vertrage von Verdun: pp. 87 u. 88, und Dümmler: Geschichte des ostfränkischen Reiches: Bd. I. pp. 235 u. 236 zu vergleichen.

Zu 2) u. 3). Diese Strophen geben, ungeschickt und unklar, wie sie sind, viele Schwierigkeiten. Wörtlich lautet die Uebersetzung: „Aber wesshalb nahmest Du es vor (praesumeres: der Conjunctiv freilich sinnlos), zu Karl zu halten (adire: hier im freundlichen Sinne), welchen Ludwig, der berühmte Kaiser, als König gerne aus dem Sohne hingestellt, wie es den Anschein gehabt hat (regem visus est ex filio constituisse)? Aber nicht warst Du aus diesem Grunde von Lanzen zu durchbohren, noch Deine Glieder zu zerfleischen; denn stets liebtest Du es mehr, jemandem hülfreich zu sein, als ihm zu schaden". -- Folgendes scheint der Sinn. Der Dichter ist kein Anhänger Karl's des Kahlen. Er bezweifelt seine Thronrechte, und desshalb spricht er auch darüber sein Befremden aus, dass Hugo dem jungen König den Huldigungseid geschworen. Allein — fährt er fort — mag nun auch Hugo auf Karl's Seite gestanden haben: desshalb verdiente er noch nicht einen so qualvollen Tod; war er doch in seinem Leben so milde und menschenfreundlich gewesen.

Zu 6) Die Parteistellung des Dichters, die sich in 2) verräth, der Umstand, dass in 4) Pippin „König" heisst, die Nennung von Caroffum (Charroux im Poitou, Dep. der Vienne): all' das scheint auf einen aquitanischen Dichter hinzuweisen. Auch dürfte aus den Worten: „aus dem (sc. Caroffum) der Priester (sc. Hugo) von den Mönchen sich hervorhob (extitit a monachis)" und dem Wunsche Hugo's, zu Caroffum bestattet zu werden, hervorgehen, dass es Caroffum war, in welches Ludwig der Fromme seinen zum Mönche geschorenen Halbbruder seiner Zeit hatte einsperren lassen.